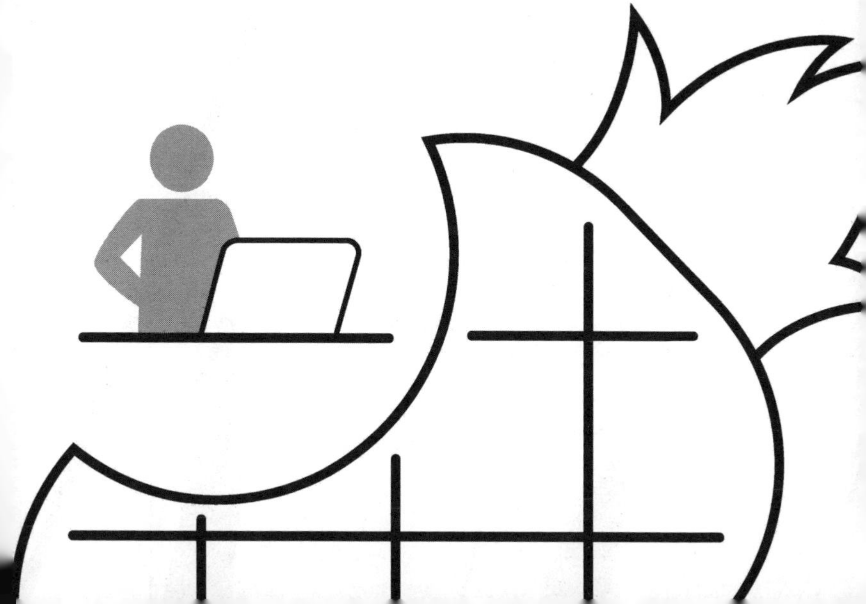

工作项目

和你做同事真是谢谢了

有效应对职场上难相处的人

井上智介 / 著
祐山水 / 译

SPM 南方传媒 | 花城出版社

中国·广州

图书在版编目（CIP）数据

和你做同事真是谢谢了：有效应对职场上难相处的人／（日）井上智介著；枯山水译. -- 广州：花城出版社，2025.1. -- ISBN 978-7-5749-0300-5

Ⅰ. C912.11-49

中国国家版本馆CIP数据核字第2024MR7129号

合同版权登记号：图字19-2023-195号

Shokuba no mendokusai hito kara jibun wo mamoru shinrigaku
Copyright © 2021 Tomosuke Inoue
All rights reserved.
First original Japanese edition published by JMA Management Center Inc., Japan.
Chinese (in simplified character only) translation rights arranged with JMA Management Center Inc., Japan.
Through CREEK & RIVER Co., Ltd. and CREEK & RIVER SHANGHAI Co., Ltd.

出版人：	张 懿
责任编辑：	刘玮婷 徐嘉悦 蔡 宇 鲁静雯
责任校对：	李道学
技术编辑：	凌春梅
封面插图：	王一智
装帧设计：	姚 敏

书 名	和你做同事真是谢谢了：有效应对职场上难相处的人 HE NI ZUO TONGSHI ZHENSHI XIEXIE LE: YOUXIAO YINGDUI ZHICHANG SHANG NAN XIANGCHU DE REN
出版发行	花城出版社 （广州市环市东路水荫路11号）
经 销	全国新华书店
印 刷	佛山市浩文彩色印刷有限公司 （广东省佛山市南海区狮山科技工业园A区）
开 本	787毫米×1092毫米 32开
印 张	5.5
字 数	110,000字
版 次	2025年1月第1版 2025年1月第1次印刷
定 价	45.00元

如发现印装质量问题，请直接与印刷厂联系调换。
购书热线：020-37604658 37602954
花城出版社网站：http://www.fcph.com.cn

前　言

你现在是否正因职场的人际关系烦恼不已？职场上，给你带来麻烦的既可能是身边之人，比如领导和同事，也可能是某位难缠的客户。无论是哪种情况，对你而言都可以归纳成一个词——"烦人精"。

生而为人，我们很容易因为某些自己无法掌控的事或人而感到压力，其中最具代表性的，便是"他人"。这种与"他人"的关系，很多时候未必让你身心舒畅。无论是谁，或多或少都曾有过"希望对方有所改变，从而让自己过得自在点"的时候吧。

但在现实生活中，改变他人其实殊为不易。如果某段人际关系让你过于痛苦，"逃避"往往不失为一条妙策。

话虽如此，但如果你是在职场和人打交道，自然无法轻易与对方保持距离，遇到问题也不可能马上开溜。

可如果基于以上缘由逼迫自己不断忍耐，不采取任何对策的话，心理负担只会越来越重，总有一天会陷入崩溃的境地。来找我咨询的客户当中，经历过此类情况的为数不少。

忘记做自我介绍了。我是井上智介，职业是精神科医生及产业医师①。

除以精神科医生的身份接诊外，我每个月还会为三十家以上的企业提供上门服务。工作过程中，我时常会倾听职员的各种烦恼，其中，又以人际关系方面的烦恼为数最多。

在职场上因为人际关系而苦恼绝不是什么新鲜事，所以切勿产生"我无法适应这个社会"之类的消极想法。

但苦恼于人际关系的人，往往缺乏与"难相处的人"针锋相对的勇气，一旦对上就会越发消沉，渐渐地就会害怕上班，并且因为过度的察言观色导致每日压力倍增。

写作本书的目的，就是想要告诉大家该如何一边保持精神健康，一边和"难相处的人"——我们常说的"烦人精"打交道。

书中所涉及的，大都是我日常看诊时传授给患者的方法，实践证明其颇为有效。

或许有人会担心我是否会提及一些"过于特殊的方法"。

其实这些方法大都没有什么执行难度，更像是一些"小诀窍"。你只需预先了解"烦人精"产生这种心理的背景，然后相应调整自己的想法和应对方式，整个人便能舒适许多。

人际关系经营的好坏往往因人而异，相处的对象不同，态度与距离感也会有所差异。所以本书将会以各种不同类型的相处对象为例子，向大家传授更为有效的应对方式。

---

① 指企业中为员工提供健康管理等服务的医师。——译者注

即将出发去公司时自不必说，即便是休息日的时候，"烦人精"的脸是否也会浮现在你的脑海中，让你回忆起不愉快的点点滴滴？

让我们一起来解决"让人束手无策的烦人精"这一烦恼吧。

只需略微调整对人际关系的看法，你就能好好地保护自己不再受到伤害，从此高枕无忧。

井上智介
2021年12月

目录 一

第一章 工作的烦恼中，人际关系问题占了八成

避无可避！职场上的人际关系　　2
烦人精有五种类型　　4
要怎样与"烦人却又无法回避的人"打交道　　6
理解烦人精的思考、行为模式　　8
烦人精会选择目标　　12
人际关系的起始阶段很重要　　14
有道德心的人同样也有风度　　16
容易被当作目标的人的共同点　　17
不必过度纠结"是不是自己的错"　　18
如何改变让人痛苦的人际关系　　20

第二章 保护自己不受难处领导伤害的诀窍

保如果遇上处不来的领导，你需要做的只有一件事　　26
保护自己不受烦人领导伤害的三点诀窍之一——尽可能地少做反应　　28
保护自己不受烦人领导伤害的三点诀窍之二——表现出精神上游刃有余的状态　　31

保护自己不受烦人领导伤害的三点诀窍之三
——"无论被怎样对待都沉默不语"是
　　错误的 34
能够波澜不惊地拒绝不合理任务的神奇话术 36
通过"拒绝"训练成为"会说不"的人 37
没必要取得烦人领导的信任 40
不给烦人领导留下好印象才是正确答案 42
何时该考虑换工作 44
这种时候该如何是好？具体场景的应对方式 45

第三章　如何与令人头痛的下属打交道
如果觉得和下属相处得不融洽 60
"从人性的角度关心下属"是建立信任关系的基础 61
引导下属说出真实想法的问话方式 65
如何避免对下属的烦恼产生共情疲劳 69
领导的那些会威胁到下属心理安全感的口头禅 72
应对反向职场霸凌的两种观点 74
这种时候该如何是好？具体场景的应对方式 77

第四章　为了不被同事呼来喝去
人往往不擅长应对来自集体的压力 90
为了不被身边的人呼来喝去 93
把握好自己与对方之间的平衡 95
为了保护自己，保持"适当的距离" 97

如何减轻沟通压力　　　　　　　　　　　　99
　　　如何才能在不被讨厌与记恨的情况下巧妙地
　　　拒绝对方　　　　　　　　　　　　　　　101
　　　这种时候该如何是好？具体场景的应对方式　103

第五章　如何应对不讲道理的顾客和合作方
　　　切不可对不讲道理的顾客做的事　　　　　114
　　　应对投诉的两点注意事项　　　　　　　　116
　　　易怒之人的心理　　　　　　　　　　　　119
　　　如何让对方消气　　　　　　　　　　　　120
　　　应对不给他人留拒绝余地之人的三个要点　123
　　　回避无理要求的交涉技巧　　　　　　　　127
　　　如何能既拒绝对方，又不让气氛变得难堪　131
　　　这种时候该如何是好？具体场景的应对方式　132

第六章　缓解压力的心理自我护理
　　　能到六十分就给自己算"及格"　　　　　142
　　　练习通过"提出小问题"来发送 SOS 信号　144
　　　进行自我维护　　　　　　　　　　　　　146
　　　拥有自信的方法　　　　　　　　　　　　148
　　　当陷入自我否定情绪时　　　　　　　　　151
　　　通过元认知改变思考方式和思维倾向　　　153
　　　提升抗压性的方法　　　　　　　　　　　155

结　语　　　　　　　　　　　　　　　　　　160

第一章
工作的烦恼中，人际关系问题占了八成

避无可避！职场上的人际关系

全然不管下属方便与否的领导，捅娄子后只知道找借口的下属，极度喜欢嚼舌根和说人坏话的同事，总爱提出无理要求的客户……

正在阅读本书的你，身边是否存在类似的"烦人精"呢？

根据厚生劳动省[①]所发布的《平成30年度[②]劳动安全卫生调查（实际情况调查）》数据显示，职场压力可分为三大类——

"工作量""工作品质""人际关系"。

作为产业医师，我为一万名以上客户进行过心理咨询，但鲜少有人因"工作量"与"工作品质"感到烦恼。究其缘由，是工作量和工作品质方面的问题可以通过与身边的人沟通获取帮助，大多数时候无须仰仗产业医师便能得到解决。

难以解决、长期困扰大多数人的问题，往往是人际关系。

有道是"工作的烦恼中，人际关系问题占了八成"。职

---

① 日本政府负责医疗卫生和社会保障的主要部门。——译者注
② 即2018年。——译者注

场上,为什么会有那么多人因为人际关系而感到烦恼呢?

主要有两点原因。

- **因为对方始终"存在",很难轻易改变**
- **因为人际关系已经固化**

人际关系不像工作量和工作品质能够"可视化",哪怕找领导商量,大多数时候也会被视作"你的个人问题"。

也正因如此,尽管有些来访者提到自己"为了改变对方而做了各种努力",但就好像决心减肥的人很快就动摇了一样,努力往往都会打水漂儿——**毕竟人是没那么容易改变的。**

即便尝试向身边人求助,但公司这样一个大型组织,是不太可能耐心倾听每个人的声音的。最后的结果,往往就是以"很难顾及每个人的具体情况"之类的理由加以推脱。

而人际关系的固化,则进一步加大了解决问题的难度。

员工不到十人的小企业自不必说,即便是规模相对较大的公司,部门内的人际关系往往也已经固化。换句话说,你很难避开那些难相处的人。

尽管有些企业设有允许员工根据自身期望转一次岗的制度,但成功换到其他部门后,等待着你的工作内容是否真的符合内心期许?你又能否适应新部门的人际关系?一切都还是未知数。

基于此类理由，很多人会不断地为职场上的人际关系苦恼。

烦人精有五种类型

难以轻易解决的职场人际关系问题当中，罪魁祸首往往是那些"最好对其留个心眼"的"烦人精"。

你的职场中，是否存在符合以下五点描述的人呢？

1. 喜欢背后嚼舌根和说人坏话的人。

当对他人产生不满时，有时抱怨、批判几句乃是人之常情。

但我在这里想要提及的，是那种**经常**背后嚼舌根和说人坏话的人。

就算这种恶意不是冲着自己来的，每天和此类人物打交道也难免会感到疲劳，一不留神还可能被当成他们的同类。

对这种人有必要多留个心眼。

2. 在各种事情上展现自身优越感的人。

每天都喜欢自吹自擂，或者说些刻意卖惨的话。例如，打断你的话头，插嘴说"你这还算好的！我当时……"，等等。

如果每天都得和已经养成此类习惯的人打交道，肯定是会累积压力的。

3. 不断骚扰他人的人。

虽然近来人们对骚扰的意识有所提高，但还是有不少人会下意识地说些不考虑他人感受的话。

更要命的是这种人往往意识不到自己在伤害对方，在给对方带来不愉快的感受。

在诸多烦人精之中，这种人给身边人造成的伤害可谓最强。

4. 净给人出难题的人。

从"出难题"这一字面意思来看，该行为往往不会被看作非常严重的问题。

但在我看来，"给人出难题"其实是一种接近"骚扰"的行为。

因为所谓的"出难题"，通常都是利用"领导对下属"这一身份优势，提出一些相当过分的要求。

如此想来，身边这类人是不是还挺多的？

5. 推卸责任的人。

这种人同样十分典型。

职场上总有些人喜欢利用上下级的关系，通过将责任推卸给老实人来保全自身——虽然让人很无奈，但现实就是如此。

这种时候我们就需要做好自我防护,避免被当成"可以随意推卸责任"的对象。

各位觉得如何?
职场上,上述几种人不但会影响他人的工作情绪,甚至还会导致团队的氛围趋于恶化。

其实,对于此类烦人精,有一种最为简单有效的应对方式。
那就是"保持距离"。
正所谓"君子不立危墙之下",面对烦人精,最好避免和他们扯上关系。
这甚至可以作为与烦人精打交道的金科玉律。

然而职场上,有时候没那么容易和他人保持距离。
这种情况又该如何是好?

要怎样与"烦人却又无法回避的人"打交道

面对烦人精,我们往往会产生诸如"希望对方有所改变""希望对方改正坏习惯"的想法。

但在与这种人相处的过程中，哪怕你直白地告诉对方"这样做才是正确的，希望你改变自己"，对方多半也会不为所动。

且不说浪费了时间和精力，更有甚者还会导致你们之间的关系进一步恶化，最后受伤的还是你。

所以应该如何是好？

你是不是会产生类似"既然无法改变对方，那就只能改变自己了"的想法？

自我调整固然重要，但在此之前，需要清楚地了解对方是怎样的人。

人类很容易对未知事物产生恐惧。

烦人精本就已经是需要重点关注的对象了，假如你还对其一无所知，多半会因为恐惧而导致大脑一片空白，从结果上来说就更不可能应对自如。

无论是谁，都拥有一定程度的适应能力。如果重复遇上类型相似的烦人精，自然会产生"这类人，我熟悉"的想法，从而心态上较为放松。一旦对对方有所了解，应对方式就会大不相同。

想要保护自己不受令人避无可避的烦人精的伤害，首先最重要的一点，就是了解他们的行为模式。

理解烦人精的思考、行为模式

让我们来分析一下这五种类型的烦人精。

1. 喜欢背后嚼舌根和说人坏话的人。
这类人的特征在于"异乎寻常地在意平等"。

无论是工作能力、业绩,还是外貌,他们都容不得他人拥有明显优势。但同时,对那些看似不如他们"能干"的人,他们也一样会采取极端态度对待之。

简而言之,这类人就是见不得有人打乱众人的步调,觉得其他人都和自己水平相当才合情合理。

他们的思维逻辑往往是:
"凭什么只有那个人备受好评?"
"既然我这么难受,大家也应该一起难受。"
所以为了给那些看不惯的人泼脏水,他们往往会搬弄是非,说些"那人背地里做了这样那样的勾当"之类的坏话。

尤其需要注意的,是他们并不会明显表现出自己是在嚼舌根,反倒会神秘兮兮地暗示自己掌握了什么"大秘密"。
如果身边有这种人,切勿轻信对方的言论。

这种人的特点归纳起来：**不仅要求他人在任何事情上都与自己水平相当，而且还通过扭曲的正义感来满足自己"渴望被他人认同"的欲望。**

2. 在各种事情上展现自身优越感的人。

这类人彰显自我的欲望极强，总想向身边人传达"我很了不起""我是很特别的"这类信息。

举例，职场上有一位从早稻田大学毕业的人，而这时又有一名从东京大学毕业的新人进了公司。

由于新人的学历含金量比自己高[①]，这位早稻田毕业的人心中产生了自卑感，进而开始担心自己是否会被比下去。所以为了展现自身的优秀，此人开始刻意地对对方表现出傲慢的态度……

这便是爱展现自身优越感之人的典型行为模式。

究其缘由，无非他们太自恋了。

他们对自己的评价过高，过于相信自身的能力。

与此相对，这类人还具备另一种特征，那就是一旦不能获得来自他人的称赞，便无法发掘自身价值。

他们的不安情绪很重，且十分自卑，内心害怕受到伤害，因此极度需要身边的人认同自己的优秀。

[①] 当前日本社会通常认为东京大学的学历含金量要高于早稻田大学的，入学难度也更高。——译者注

3. 不断骚扰他人的人。

所谓"骚扰",简而言之就是"惹人不快的行为"。
此类人的特性和喜欢展现自身优越感的人有些类似。

当今社会上,"××骚扰"这类词如雨后春笋般不断涌现,那么是否以前就不存在骚扰行为了呢?倒也不是。

只是因为现在互联网和社交网络发达,受害者能够较为容易地发声罢了。过去的骚扰行为可一点都不比现在少。
所以越是上年纪的人,越容易产生"以前一直都是这么做的呀""为什么现在不行了呢"之类的感受。即便引发了严重问题,很多人的想法依旧是"我并不是那个意思"。

尽管最近诉诸身体暴力的人大幅减少,但还是有不少人会堂而皇之地发表以下言论:
"这么简单的事你都不会?"
"所以我才说现在的年轻人啊……"
"女性要是不讨人喜欢的话,是嫁不出去的哟。"

比这种"全无自觉地说些难听的话"更为恶劣的,是基于明确的伤人目的,刻意惹人不快的行为。
身为产业医师,我也接触过不少此类恶劣骚扰行为的加害者。此类人通常会撒些一戳就破的谎言,或者顾左右而言他。

可以这么说，**此类人不但自我彰显欲极强，过度自恋，同时还缺少与他人共情的能力，想象力也很匮乏。**

4. 净给人出难题的人。

爱给他人出难题的人同样也缺乏共情能力和想象力，不明白他人讨厌什么，以及有着怎样的诉求。

由于此类人大都以自我为中心，他们往往为了迎合自身的需要，身边的人就活该做出牺牲。

只需再往前迈出一步，他们便将滑落到"骚扰者"的行列之中。

不过"给人出难题"与"骚扰"的不同之处，在于前者往往不会采取高压态度，但不会引发对方的恐惧心理。但由于受压者通常无法拒绝此类要求，本质上和骚扰并无不同。

5. 推卸责任的人。

这类人在职场上颇为常见，大体可分为两类。

第一类，是极度害怕惹怒他人，**极度不想受到伤害的类型**。

为求自保，他们往往会下意识地通过谎言来推卸责任。

这类人如果是领导，多半也是靠着资历之类升上管理层的。他们通常对自己缺乏自信，尤其害怕惹怒大领导，所以出了问题往往会把责任推卸给下属。

一旦被人指出他们是在推卸责任,有些人甚至会马上"诚恳"地道歉,表示"自己不是有心的,非常抱歉"之类。

第二类又和第一类有所不同。

他们自尊心很强,因为获得过些许成果,容易坚信自己"不可能犯错"。

所以他们的思维逻辑通常是"既然自己不会犯错,那么错的肯定是别人",责任永远在他人身上,与己无关。

这类人的想法永远是"成功是我的功劳,失败是那家伙的责任",进而会竭尽所能地将责任推给身边的人。

烦人精会选择目标

读到这里,想必你已经清楚,职场上的烦人精大都比较自我。

有意为之也好,无心之举也罢,这些人都会不以为意地通过自身行为伤害他人,牺牲他人的利益。

遗憾的是他们这种特质并不会因为身边人的干涉而有所

改变。

所以和这类人打交道时，最为重要的是**改变自身的言行举止，以免成为他们的目标**。

或许你会感到难以置信——这类人并不会随随便便地选择眼前的人作为目标。

他们的目标，通常都是那些"适合成为目标的人"，换句话说就是那些受了委屈也不吭声，不会引起问题的人。

正在阅读本书的你，是否经常会被身边的人给予"厚道"之类的评价？

其实对于烦人精来说，你这样的"厚道"人正是绝佳目标。

本书将会详细讲述避免成为烦人精目标的应对方式、领导与下属之间的关系特征等内容，并结合具体场景一一说明。

请各位阅读本书后努力实践，以免被烦人精缠住不放。

📢 人际关系的起始阶段很重要

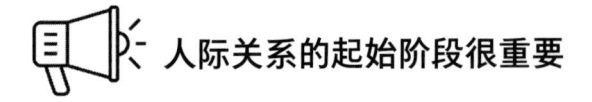

为了不被烦人精盯上,首先很重要的一点,是初次见面时不要让人觉得你是"软柿子"。

一旦给人留下"这人适合当作目标"的印象,你与对方的关系就会固化,今后再想改变这一印象,那可就相当劳心劳力了。

重新构建人际关系,可不是件容易的事儿。

所以,你应该尽早判断出对方是怎样的人。

对于不习惯这么做的人来说,可能会感觉有些困难,但**这种时候最重要的,其实是相信自己的直觉。**

既然已经将本书拿在手上,想必你对于他人言行及情绪变化的敏感度也高于常人。

所以,如果你的直觉"雷达"产生了些许反应,请务必加以重视。

即便无法马上判断对方属于五类烦人精中的哪一类,只要感觉对方的言行举止不那么客气,就该多留个心眼了。

如果一个人打从一开始就不尊重他人的私人空间,后续只会愈演愈烈。

所以,**如果一开始就觉得气氛不太对头,那么请务必注**

意不要和对方相处得过于亲密。

听我这么一说,你可能会觉得先入为主地评判他人不太地道,但我并不是建议大家遇上谁都摆出一副"冷淡嘴脸"。

我的意思,是让大家在不忘记基本的尊敬与礼节的前提下,不要一开始就百分之百地信任对方,也不要过度透露与自己有关的信息。

与他人初次见面,或者认识没多久的时候,为了让现场气氛变得融洽,你是否会主动聊一些过往的失败经验,以及透露一些私人信息?

即便你是基于"让气氛变得融洽"这一目的,也无异于将自身弱点展现在了烦人精眼前。

也就是给了对方乘虚而入的机会。

烦人精大都很善于刺激他人的恐惧心理、义务感及罪恶感。 哪怕并非有意为之,他们依旧很懂得如何利用他人来达成自身目的,是无可争议的"危险人物"。

所以完全没必要主动靠近此类人。

待到确认对方真的值得信赖之后,再展露自我也不迟。

此外,面对领导和客户的时候,过度放低自己的身段也并非上策。

如果只是因为害怕被讨厌或者担心谈生意失败而满足对

方的过分要求，人家非但不会觉得你工作能力强，反倒会不断地利用你。

面对下属时也是一样。

假如你总想着扮演一名贴心的领导，而忽略本该指导的工作，最后反倒被下属瞧不起。

时刻保持礼貌与客气固然很有必要，但尊重对方的人格同样也是最为基本的商务礼仪。

犯不着费劲去讨好那些逮着机会就想利用他人的宵小之辈。

👍 有道德心的人同样也有风度

鉴于有些读者或许会对"相信自身直觉"这一方式心存抵触，我再介绍一种无须观察言谈便能判断对方是否为烦人精的方法。

那就是看对方"是否有风度"。

这里所说的"有风度"，并不只是说气质优雅。

"有风度的人"能够预先设想自己的言行举止将会对他人的情绪产生怎样的影响，并能替他人着想，调整自己的

行为。

虽然乍一看貌似并无关联,但其实风度是和道德心挂钩的。

举例来说,不爱惜东西、随便使用他人东西的人,往往都不重视规矩和常识,也不太懂得照顾身边人的感受。

真正有风度的人,都明白"哪怕是自己能接受的事,也可能引发他人的不快"这一道理。

人无完人,想要随时做到面面俱到当然比较困难,但如果一个人特别自我,那么其行为模式还是很明显的。

让我们尝试着以"风度"为标准来观察对方吧。

容易被当作目标的人的共同点

上文说到烦人精都会选择自己的目标,相对地,容易被烦人精盯上的人,具有共同点。

那就是**"为了维持与他人关系的和谐,不惜牺牲自身利益,同时不爱惹麻烦"**。

为人际关系所困的人往往心地善良,很容易产生"稍微吃点亏也无妨"之类的想法,可如果你是在和一个烦人精打交道,这种想法只会让你不断受伤。

首先需要重视的不是他人的感受,而是自身内心的平和。

职场上，优先级最高的永远都是工作是否顺利完成。

只要工作能够顺利完成，就犯不着勉强自己和其他同事搞好关系，也不用成天担心会遭人嫌弃。

话虽如此，还是会有人过分重视与他人间的关系，忽视自身感受。

对于此类人，我有一言相劝：**"没有人能讨所有人的喜欢。"**

假设你身边有一百个人，想同时被这一百个人讨厌，其实是很困难的，对不对？

就算这一百个人里有一个人讨厌你，也并不意味着剩下的九十九个人同样如此。

反之亦然，就算一百个人里有一个人喜欢你，也无法保证剩下的九十九个人同样中意你。

请先将这一既定事实牢记于心，然后重新审视自己和他人打交道的方式。

不必过度纠结"是不是自己的错"

容易牺牲自身利益的人大都具备这样一种特性——爱将

各种问题归咎于自身。

人就是这么神奇,哪怕某件事情明显就是对方的不对,一旦对方采取高压态度开始推卸责任,当事人往往就会开始烦恼,思忖"自己是不是也有不对的地方""如果换作其他人,是否能做得更好"。

这种时候如果你跑去咨询同事的意见,同事既有可能安慰你:
"他(她)就是这种人,你不用太在意。"
也有可能袒护对方:
"那人是有点奇怪,但也没那么惹人厌啦。"

不过重点不在于旁人的说法。
这里再强调一次,**烦人精是会选择目标的**。
他们觉得哪怕对你提一些相对过分的要求也没有风险,事实上他们也是这么做的。
所以你没必要自我烦恼:"为什么他(她)不对其他人这么说,只针对我一个人?是不是我也有做得不对的地方?"
假设领导对你说:"你的工作热情和努力程度不够。"
一开始被领导这么说,你肯定会心想"没这回事儿",可要是被多说上几次,是不是心里就会开始犯嘀咕了呢——
"这么说来,周日的时候本打算给自己充充电的,结果却偷懒了。"

"昨天休息得太久了。"

像这种不知不觉开始找自身不是的节奏,你是否觉得并不陌生?

但仔细想来,这些所谓的"不是"根本就是人之常情,事实上休息日如何度过,以及休息时间的长短也和工作评价毫无关联。

可你一旦被烦人精盯上,就会莫名地被他们"控制",进而一步步陷入自我否定的泥潭之中。

日本人的一大特性,就是比起苛责他人,更容易苛责自己。而无论遇上什么情况都第一时间找自己的不是,正是麻烦的根源所在。

有时候要学会改变思路,相信"责任不在自己""自己没有错"。

如何改变让人痛苦的人际关系

上文主要介绍了避免被烦人精选作目标的基础应对方式,但仅凭这些还远远不够!

为了不被当成靶子,**你有必要让自己看上去"有心机"**

一点。

为人际关系所困的人大都心地善良，对于"心机"这一标签可能会心存抵触。

但对烦人精来说，"有心机"的人等同于"猜不透"的人。

想要让自己变得"有心机"，需要做到以下三点：

第一点：不要对他人的说辞照单全收。

"既然领导这么说了，就必须这么做""不可以那么做"——请尽量摆脱此类束手束脚的思维方式。

一旦被贴上"顺从"的标签，各种想要利用你的人便会闻风而至。

第二点：即便对方的社会地位比你高，也要在心中将双方置于平等立场之上。

这一建议或许会让你惊讶，但请注意，我说的是"在心中"。

在自己的内心深处，你完全可以坦率面对自身的真实想法。

举例来说，当察觉到领导要向你推卸责任时，你完全可以在心中这么想：这人真是个典型的烦人精。

毕竟没人知道你内心的真实想法。简而言之，**你犯不着连在自己的内心深处都扮演一个老好人。**

前文我提到和烦人精保持距离是最为行之有效的办法。

除物理上的距离外，客观地看待对方，在精神上保持距离也同样重要。

第三点：对于他人的言行无须过度反应。

这听上去似乎有些难度，总之请先从"被人出难题或者推卸责任时，尽量不为所动"这样一种行为逻辑开始尝试吧。

一旦被人发现你内心产生动摇，那可就正如烦人精所愿了。你解释得越多，越容易被人揪住小辫子，给人以可乘之机，最后情势就会越发对你不利。

还有一个颇为有效的办法，就是平时不要过度展露笑容。

举例来说，你身边是不是存在那种"虽然表情在笑，但眼里却没有笑意"的人？

接触烦人精的时候，不妨按照这种感觉和他们沟通。

如果笑得过于欢快，容易给烦人精留下"容易利用"的印象。

上面介绍的是让自己变得"有心机"的三点技巧，但具体操作时请注意一点——"没必要对所有人都采取此类态度"。

或许你会觉得这是"看人下菜碟"，容易心生罪恶感。但别忘了，烦人精可是会毫不在意地看人下菜碟的。

且容我再度强调一次——**"最重要的是保护自己不受伤害"**。

为了能保护好自己，请一点一滴地勤加练习。

第二章
保护自己不受难处领导伤害的诀窍

如果遇上处不来的领导，你需要做的只有一件事

职场和私人生活不同，你往往无法随心所欲地避开处不来的人。

如果时运不济，摊上一位难处的领导，相信很多人会一边痛苦万分地忍耐，一边尽可能地迎合对方来与之相处。

第一章我们提到过，和烦人精相处时，保持物理上的距离是最为行之有效的办法。但基于不希望影响自身口碑的心理，尽可能地避免惹麻烦倒也是人之常情。

话虽如此，但从心理健康的角度考虑，这一行事方法并非上策。

勉强维系人际关系会导致压力倍增，严重的还会导致适应性障碍和抑郁症。

要是真患上此类疾病，恢复起来可是很花时间的。

为了避免这样的结果，你需要做的事情只有一件，那就是找人商量。

尽管听上去理所应当，但重点在于"和谁商量"。

首先请试着和那位处不来的领导的上司，或者和人事部门聊聊看。

善良的你可能会担心这样做容易把事情闹大，但如果仅仅是和普通同事抱怨几句，无异于逞一时口舌之快，无法从根本上解决问题。

对公司来说，如果有员工长时间请假，那可是莫大的损失。

为了规避此类风险，组织上很可能会尝试进行人事调动，或者空降其他员工来改变管理结构。

比起一个人独自忍受，这样操作更有希望解决问题。

此外，如果你的公司内配有产业医师，向医师咨询也是一个不错的选择。

或许你会觉得这样有些夸张，但产业医师能够从第三方的角度出发，客观地向公司传达现状，同时公司也较容易听取产业医师的建议。

公司甚至还可能根据产业医师的意见变更部门内的人员配置（原则上一人在一家公司只有一次机会）。

如果一直默不作声，谁都不会注意到你的情况。

在身体出大问题前，先尝试进行有效沟通，发送求救信号吧。

保护自己不受烦人领导伤害的三点诀窍之一——尽可能地少做反应

上一节我们提到了找人商量的重要性,但假如商量之后问题也无法很快得到解决,或者根本无人愿意伸出援手,又该如何是好呢?

这里传授给大家三招保护自己的方法,以备不时之需。

第一招,沟通时尽可能地少做反应。

你可能觉得和领导沟通的时候没办法完全做到无反应,但这里所说的"少做反应",并不是让你面无表情地一句话都不回,而是让你**"不要轻易顺着对方的意思来"**。

举例来说,当你注意到烦人领导"貌似想要别人附和他(她)""貌似希望获得赞同"的时候,是否会随随便便地附和对方呢?

如果你表达出附和的意思,确实比较容易在当下糊弄过去。

可如果三番五次这么操作,对方就会利用你的这份善良,提出越来越无理的要求。

正常来说,我们在与他人打交道的时候,都希望维持和谐的人际关系,但面对烦人精的时候,过度替对方着想,甚至感情用事,都并非上策。

在与人就工作进行必要的沟通时,做出最低限度的反应就足够了。

否则一旦被贴上"有求必应""随便被人说上两句就容易感情用事"之类的标签,就给了对方可乘之机。

当然,你也不能今天读了这本书,明天就在公司来个一百八十度的大转弯。

向来与人为善的你要是毫无征兆地变得沉默寡言,回起话来也爱搭不理的——旁人没准就会担心你是不是身体不太舒服,弄不好可能还会影响你在公司内的口碑。

为了避免此类情况,建议按照适合自己的节奏,逐渐调整待人接物的态度。

不要过于突兀地改变态度,而是**每天给自己设立一个小目标,一点一滴地做出改变**。

最开始的时候,可以每天尝试一件小事,比如"今天在领导表现出想听别人附和他(她)的意思时,我要试着无视一次"。

如此这般的每天积累,你的最终目标,是让对方产生这样一种心理活动:

"那人怎么感觉和以前不太一样了,反应特别淡漠,完全摸不透他(她)内心的真实想法。"

对一向与人为善的你而言，这种改变可能需要不小的勇气，但请先从小细节开始进行尝试，如果有成效，也请不要吝惜于自我褒奖。

如果对于以冷淡态度待人的自己有些难以接受，**不妨换个思路——至少你保护好了自己**，对不对？

近来网络会议逐渐普及，这其实是个尝试改变的好机会。因为隔着网络，这比在现实中更容易和人保持距离。

尤其是多人参与会议的时候，大家并不会持续关注你一个人的反应——正是进行尝试的良机。

但请注意，即便你尽可能地少做反应，有些领导还是会将话题抛给你，或者要求你表示赞同。

这种情况下想要完全不为所动恐怕比较困难，但请至少避免对对方的要求照单全收。

请以拒绝一次附和为起点，尝试慢慢减少自己接受他人不合理要求的次数。

无须担心到了最后自己会变得对一切事物都毫无反应：对方抛来的诸多要求中，**你只要对最后一条给予较为积极的反馈，一般都能避免事后遭人记恨**。

需要再次提醒的，是这种应对方式仅限于在和烦人领导打交道的时候使用。

如果对全公司的人都采取同样的态度,那你就会变成那个不讨人喜欢的人,风评也会直线下降。

这么做的好处,是万一烦人领导对你的同事抱怨:

"那家伙真让人摸不着头脑,不管对他(她)说什么,他(她)的反应都很淡漠,也不知道是听懂了还是没听懂。这样很难给他(她)分派工作呀。"

你的同事很有可能会回答:

"是吗?我倒是不太有这种感觉……"

保护自己不受烦人领导伤害的三点诀窍之二——表现出精神上游刃有余的状态

遇上烦人精的时候,如果你按照以下方式加以应对,很容易显得缺乏自信,成为对方的绝佳目标。

各位不妨自检一下,看看自己中了几条。

- **惴惴不安**
- **显得胆怯**
- **试图讨好对方**
- **不发表意见**
- **过度谦逊**

遇上应付不来的人时，为了能与对方和睦相处，你可能会有意无意地采取上述行为模式，进而助长对方的气焰。

思维惯性可能一时间难以改变，但还是有必要改变讨好对方的习惯，**努力表现出精神上游刃有余的状态。**

或许你会觉得突然做出如此之大的改变有些困难，不过重点其实在于**"你要表现得有所改变"**，不是让你真的改变性格。

请尝试以下四种行事方式，一步一步地改变你在他人心中的印象。

1. 放慢语速，低声说话。

有本书的名字叫作《人的外表占了九成》。不知各位是否知道，其实人的"外表"也包括了声音？

据说在给他人留下的印象当中，来自声音的比重占四成，也就是说，声音可以在很大程度上左右他人对你的印象。

举例来说，声音高亢的人往往显得阳光、年轻，但同时又给人以不太可靠、不够强势的感觉。

而语速快的人，则显得不够沉着冷静。

所以当你用平缓、低沉的声音说话时，不仅能给人一种沉稳的印象，如果运用得当，还能营造出一种生人勿近的威严感。

虽说性格这东西不是说变就变的，但你可以从今天开始，尝试调整自己说话的音调和语速。

这样做能够让烦人精对你产生"不好接近""难以利用"的印象。在我提出的四种行事方式之中，这应该是最容易实践的。

2. 不要过度配合对方的节奏。

常规沟通中，对方一旦发话，你就该马上接茬儿才对。但面对烦人精的时候，你最好不要这么配合对方的节奏。

对方说完话之后，你可以试着等上两秒，然后再答话。

你是不是会觉得要是真这么做了，会给人留下不好的印象？

没错，要的就是给对方留下"这种印象"。

如果你很难主动与对方保持距离，那就只有一种办法能够让双方的关系变得"疏远"——**让对方觉得你是个"难以接近、不亲切"的人**。

刚开始尝试的时候，你可能会觉得很不自在，但随着你和对方的交谈越来越少，这种罪恶感及压力也会逐渐减轻。

3. 端正姿势。

长期伏案工作容易驼背，而驼背会让人显得缺乏自信。

所以请挺胸抬头，直起腰。

只需做到这些，就能显得分外自信。

而且研究表明，长期保持端正姿势的人，其思维方式会更加积极，也更加自信。所以，端正自身姿势不但能改变他人对你的印象，对自己也是大有裨益的。

4. 说话时直视对方的眼睛。

也许你觉得和烦人精对话时，直视对方的眼睛很痛苦，但交谈时如果总是避开对方的眼神，容易被人质疑"你是不是在认真听我说话"，同时也会给人一种缺乏自信的印象。

当然，如果一直盯着对方的眼睛，又会显得太具攻击性，所以不妨每十秒移开一次视线。

要是太害怕与他人对视，你也可以将视线聚焦在对方的眉间。

一开始尝试或许有点难度，但还是请一点一滴地改变自己的行为习惯。

💡 保护自己不受烦人领导伤害的三点诀窍之三——"无论被怎样对待都沉默不语"是错误的

为了不惹麻烦，无论被如何对待都沉默不语——你身边是否存在这样的人？

而这类人，正是烦人精的绝佳猎物。

为了不成为猎物，请先尝试一次在会议之类的场合**尽可能地发言，哪怕一两句也好**。

如果觉得在会议当中发言有难度，也可以尝试在会议即将结束的时候这么说：

"请允许我最后确认一次，本次会议确定的××事宜，是可以共享给关联部门知悉的，对吗？"

此外，也可以在会议结束后，提出一些个人问题。

如果你对在众人面前发言心存抵触，或者贵公司不鼓励员工在会议中提意见和问题，那么采取一对一的形式也未尝不可。

如果暂时没有勇气直面那些应付不来的人，你可以先从容易相处的同事开始尝试。

如此一来，你给人留下的印象便会逐渐有所改变。

或许你会觉得"遇上麻烦时敢于发声"和日常工作中的发言习惯并无关联，但**重点在于不要给人留下"逆来顺受"的印象**。

发言时可以参考上一节中所提及的说话方式，效果会更为显著。

能够波澜不惊地拒绝不合理任务的神奇话术

前文向大家传授了一些保护自己不受烦人精伤害的小技巧，但要想真正身处安全领域，你还需要给烦人精这样一种认知——"你是个懂得拒绝的人"。

——实践了上述三个诀窍之后，你给他人留下的印象应该已经有了些许改变。但烦人精之所以是烦人精，是因为他们不会轻易放弃自身的需求，加上"领导对下属"这样一层统属关系，有时候你还真不好断然拒绝对方的要求。

真遇上这种情况，我建议你尝试这样一种**话术："这个可能有点儿……"**

这是我身为产业医师，从海量为人际关系所困的上班族的失败经验中总结出来的、能够波澜不惊地拒绝对方的话术。

举个例子，当烦人精领导打算给你安排上班时间之外的工作时，你回一句：

"这个可能有点儿……"

但话头就此打住，表现出"忍耐"的态度，不把话彻底说明白。

如此一来，对方就会从你的反应中推出"是不是要得太急了""是不是有点强人所难"的结论，然后和你确认是否真的如此。

这时你就可以接过话头，直接表态：

"没错，恐怕比较困难。"

由于是对方主动向你确认的，话头因他（她）而起，大多数情况下对方也会比较容易理解。

如果对方刨根问底，想知道具体有什么困难，你可以采用这类话术：

"活儿我是可以接的，但因为同时还有其他工作需要完成，可能得等到下周一才能提交。"

总之就是**告诉对方，你乐意干活儿，但没办法按照对方希望的时间点提交。**

不要单方面明确表示拒绝，而是让对方先下判断，从而在不影响个人形象的前提下保护好自身的利益。

只需稍加手段，便能化解掉来自烦人精上司的攻势。

通过"拒绝"训练成为"会说不"的人

面对领导的无理要求，另一种行之有效的手段便是制作"To Do List[①]"。

相信很多人都是用电脑或记事本来记录自己的日程表的，但如果你有个烦人精领导，我建议你改用A4纸来记录。

配合你的工作内容，用大大的文字将各项任务的优先级、委托人、提交时间等内容写清楚，然后贴在你的工位上，确保任何人都能看见。

通过将你的工作内容"可视化"，不仅能更加方便地解释为什么有些活儿你接不了，而且如果纸上写的委托人的职级比你的领导高，还能给对方一种无形的压力。

哪怕再烦人的领导，脸皮也不会厚到可以命令下属先完成自己委派的工作，而将大领导下达的任务放一边。

再者，烦人精往往都是看人下菜碟，一旦发现对方不好惹，往往就会立马放弃纠缠。

不过，可能有些人天生就不擅长拒绝他人，无论对方是烦人精，还是普通人。

对于此类人，我有个练习"拒绝"的妙方，那就是"在社交网络上拉黑那些你讨厌的账号"。

现在社交网络用户与日俱增，人们越来越容易在网上接触到陌生人。同时还有不少人很抗拒，或者说很害怕切断这

---

①日程表。——译者注

种基于社交网络的人际关系。

尽管你可能与对方素昧平生,但和现实中的人际关系一样,你或许容易对"与他人断绝来往"一事心生踌躇。

事实上来找我咨询的客户中,还真有在社交网络上遇到了麻烦的人,然而就算我给出"直接拉黑"之类的建议,来访者往往也显得十分为难。

如果你做不到突然拉黑熟人,那就从没那么熟的人开始尝试吧。

毕竟网上拉黑人不需要和对方面对面沟通,只需要点击一下屏幕即可。请抱着姑且一试的心态试试看,很快你就会**习惯"与他人断绝来往"的感觉**。

善良的你可能会担心:如此一来会伤到对方,但出人意料的是对方一般都不会发觉自己被拉黑了。

你自己也是一样,拉黑对方的当天或许会有些不自在,但第二天一觉醒来之后往往什么烦恼都没有了。

如今这个时代,与他人产生联系的成本相当低,相对地,我们就必须主动地对结识的人及获取的信息做出取舍,也就是能够凭借自我意志说"不"。否则不仅会浪费时间与精力,还会增添自己的精神负担。

在社交网络上拉黑他人能够很好地培养你的自我保护能力,让我们尽早改变过度隐忍的不良习惯吧。

在实践的过程中，可能未必每次都那么顺利，但最为重要的是能够凭借自我意志做出反抗。

从以往的唯命是从变成现在这样能够迂回作战，毫无疑问，你已经掌握和他人保持距离的诀窍了。

一点一滴地感受小小成功带来的愉悦，从而逐渐建立自己的自信吧。

没必要取得烦人领导的信任

或许此时的你会隐约有些不安，心想：应对烦人领导的方法我大体上是明白了，可这样一来，对方就再也不会信任我了吧？但请记住，面对烦人精，"希望被信任"这种想法本身就是错的。

人与人之间的信任关系，首先是从你信任对方开始的。

信任关系固然重要，但如果只是为了构建这种关系而勉强自己去信任烦人领导，精神上会相当痛苦。

就算你获得了对方的信任，也有很大概率会被身边的人归为烦人领导的同类，陷入孤立无援的局面。

那么最为合适的做法是什么呢？很简单，想办法获得除烦人领导外的其他同事的信任即可。

毕竟职场人际关系网并非只由你和领导构成。

你应该想办法获取其他同事的信任,从而在遇到麻烦的时候得到他们的帮助。

想必你在职场上也有这种广受信赖的同事。他们往往因为人格高尚而口碑极佳,究其缘由,无非是他们总是主动承担一些别人不想干的脏活儿、累活儿罢了。

在我们医护行业,有不少医生专业能力一流,但完全得不到护士的信任。

如果你技术高超、业绩优秀,想必能得到领导的赏识和信赖,但这并不意味着你也能得到同事和下属的信任,并在职场上获得他们的协助。

而广受信任的医生,平时总是不介意承接一些棘手的活儿,同时也很珍视那些乐于协助他(她)的人。

对专业人士来说,拥有一定的能力毫无疑问是其能否顺利完成工作的大前提,但生而为人,通过获取他人的信任,**让他人产生"想要帮助你、协助你"的意愿,这种为别人费心的举动也一样重要。**

这种说法可能听上去太有心机了,但你不妨回忆一下自己日常的行为模式——是不是对谁都客客气气的,接起活儿来也从不挑肥拣瘦？

其实你已经在不知不觉中获得身边之人的信任了。

在不被烦人领导随意使唤的同时，今后也请继续维持这种与身边之人的信任关系。

💡 不给烦人领导留下好印象才是正确答案

除上一节提到的"没必要取得烦人领导的信任"外，还有一点希望各位牢记在心——"不给烦人领导留下好印象才是正确答案"。

不过，"不留下好印象"并不等于"留下坏印象"。
我们的目标始终是给对方留下"反应淡漠，捉摸不透"这样一种印象，既不要太好，也不要太坏。

职场上，最为重要的是履行自身职责，并且拿出成果。
哪怕为人处世差点火候，只要工作能力强，烦人精就不会轻易地找你的麻烦。
但面对烦人领导的时候，即便你不给出对方预想的反应，烦人领导还是会想方设法地找你的不是。
为了不被对方捉住痛脚，请注意职场礼仪，认真对待工作，这也是人在职场需要具备的基本素养。

尤其是守时、见面打招呼这些基本礼节，如果没做到位，就特别容易成为别人绝佳的话柄。

所以，即便是网络会议，也请准时进入会议。

否则一旦被贴上"散漫"的标签，不但会给予烦人精攻击你的口实，也会失却身边人的信任。

此外，好好和人打招呼也很有必要。

无论是谁，或多或少都会希望得到他人的尊重。

如果仅仅因为对方是烦人领导就不好好打招呼，不仅显得缺乏教养，还可能让对方觉得没有得到你的尊重，甚至认为你看不起他（她）。

若你因为不想和对方打照面而总是对其躲躲闪闪，反而很容易被对方抓住把柄。所以，越是面对难相处的人，越要先下手为强，抢在对方前头打招呼方为上策。

请努力进行尝试：无须过多寒暄，确保能和对方正常地打招呼即可。

这种日积月累的努力成果，能够成为你保护自己不受烦人精伤害的护盾。

何时该考虑换工作

按照前文所介绍的方式保护自己固然重要，可一旦身体的某些迹象显示你最近压力过大，就意味着不能再继续勉强自己努力了。

如果你的身体出现以下问题，就需要立刻考虑"保持物理距离"的方式。

- **睡眠障碍**
- **身体不适**

当代社会，很多人会因为压力或者操心事过多而失眠。

入睡困难，半夜频繁醒来，一旦醒来就很难再度入眠——这类睡眠障碍，其实是身体在向你发出警报。

如果进一步出现头痛、腹痛等不适症状，就更加需要警惕，这很可能是精神和身体出现重大问题的前兆。

此类症状尤其容易出现在早上，如果你时常因此类情况迟到，切勿硬撑，请尽早向产业医师咨询，或者前往心理咨询门诊就诊。

向公司提交诊察结果后，有些企业可能会替你安排岗位调动。

但如果公司规模太小，无法进行调动——你就该认真考虑跳槽了。

领导和下属之间，往往是下属更容易产生烦恼。

本书的读者中可能也有人正在犹豫：只是这样就往医院跑，会不会太夸张了？那就且容我再啰唆一次：优先级最高的，永远是你自己的健康。

我们的人生目标，是活得健康且幸福。

而工作，不过是为了达成这一目标的手段之一。

接下来我会为大家介绍一些具体场景的应对方式，但需要注意，一旦你的身体发出前文所提及的两种信号，这些小技巧也就无法奏效了。

这种时候该如何是好？具体场景的应对方式

☑ 对一切于己不利的事采取事不关己的态度！

在公司里很容易遇上这种类型的领导，具体来说还可以细分为以下两种：

- **害怕遭受损失的领导**
- **极端恐惧自身口碑下降的领导**

面对此类领导,最为行之有效的应对方式,是做好责任记录。

口头指示由于事后无据可查,很利于对方规避责任,所以最好以邮件、聊天软件等形式,留下该领导下达指示的明确记录。

但领导未必会配合你这么做,所以一旦收到口头指示后,不要怕麻烦,尽量通过邮件或聊天软件来汇报、沟通工作内容,哪怕只是简单汇报工作进度也无妨。

使用邮件或聊天软件沟通时,请注意以下两点:
①明确体现出"从谁那里""关于哪项工作内容""收到了怎样的具体指示"等信息。
②考虑到对方未必会回复,确保句型不要使用疑问句,而是采用肯定句。

如此一来,对方事后就很难以"我没下达过这种指示,是他(她)自作主张"之类的说辞逃避责任。

我们来看几个简单的例子。

✗ 昨天您委派的任务,我是否可以按照指示推进?
✓ 昨天您委派的给A公司做产品演示一事,我会按照指示采取B方案推进。

✗ 关于C公司的项目,我已经按照指示提交了方案,您觉得是否可行?
✓ 关于与C公司的合同条件,我已经按照××部长的指示提交了D方案。结果方面……

不过有的领导可能会要求下属直接口头汇报工作,这种情况下你可以通过口头及邮件各汇报一次。

只要遵循了对方"口头汇报"这一要求,领导一般也不会禁止你额外发邮件的。

可不要因为忙就想偷懒,不乐意额外花时间这样处理。即便当下好像省了些许工夫,最后吃亏的还是你自己。

为了能够好好保护自己,请确保做到万无一失。

☑出问题时怪罪下属,有功劳了算自己的

这种领导和上文提到的"对一切于己不利的事采取事不关己的态度"的领导其实是同一类人。

所以应对方式也比较类似,同样需要尽量通过邮件来沟通,收到任何指示时切记做好记录。这些记录都可以成为对方职场霸凌的证据。

顺带一提,这种喜欢把功劳往自己身上揽的领导,特别让人不爽,对不对?

然而无论你有多不爽,遇上这类领导,正确的应对方式其实是不与其产生正面冲突。

在日本社会中,谦虚是一种美德。如果太爱强调自身实力,反倒容易招致不知情人士的误会。

如果因为不爽领导的做派贸然把事情闹大,反倒会让其他人敬而远之。

至于烦人领导工作上的毛病,其他人与之共事后自然会有所体会。

这种爱抢功劳的领导,铁定也不会讨他人喜欢。只要大家知晓你的能力,也就大致能猜到发生了什么。

总之牢记一点,不要和烦人领导针锋相对。

☑ 受到不公平的评价

来找我咨询的客户中,"领导偏心眼"是他们时常提起的烦恼之一。

希望领导不掺杂私心地公平对待每位下属乃是人之常情,但别忘了,领导也一样是普通人,是不太可能真正做到绝对公平的。

因而想要获得好评,关键就在于你和领导之间的信任关系。

如果彼此信任，获得公正的评价自然并非难事。可万一这种信任关系并不存在呢？

前边我说过，不要尝试和烦人领导之间构筑信任关系。面对烦人领导，试图获得其公正评价，这本身就是种徒劳之举。

但我并非让你就此放弃，而是建议你**将业务量和成果可视化**。

请以日报之类的形式汇报你每天的业绩：如果是营销类的岗位，就汇报当天走访了几家公司，约了多少次面谈；如果是事务类的岗位，就汇报当天处理的事务数量，以及通过你所提供的信息而使订单有所增加、签下了新合同等方面的内容。

如果仅仅只是表示"自己努力了"，那领导如何认知完全取决于他（她）的主观判断；但如果白纸黑字地罗列出数据和事实，那便是你个人实力的最佳证据。

可能很多人会羞于展现自身的劳动成果，但这样一来，你的努力就永远不会为他人所知晓。

此外还有一个小窍门——**尽量提升身边人对你的评价**。

如果能和公司的大领导构建信任关系，并较好地展现出你的劳动成果，大领导就会疑惑："明明这人挺能干的，为啥他（她）的直属领导对他（她）评价不高呢？"如此一来，就有希望从根本上解决问题。

如果为了获得好的评价而勉强讨好烦人领导，就会很容易被要求做一些不称心的工作，或者完成不切实际的目标。为了不让你的这种心态被对方利用，请勿与烦人领导走得太近。

☑ 总是被挖苦

一个人总是说些阴阳怪气的话来挖苦你，其实是因为他（她）内心深处在嫉妒你。

不过就算他（她）对你的某些方面心生嫉妒，在其自尊心的作祟下也不会明确表达出来，反倒是以"挖苦"作为发泄渠道。

对这种"见不得别人比自己优秀"的人，只有一种应对方式。

那就是**用笑容糊弄过去**。

如果和这种人讲道理、硬碰硬，只会越发容易地被他们抓住把柄，他们会想方设法地挖苦你。

所以不要理会他们，让对方一拳打在棉花上即可。

举例来说,当你结束了一天的工作,打算准点下班回家时,烦人领导突然抛过来一句"工作少,真轻松啊"。

这时候你只需要笑着回一句:"是的!谢谢您的关照!"

也不用等待对方回话,说完就可以撤了。

如果打算观察对方的脸色,那等到领导回过神来,就会进一步展开攻势。

所以,不要给对方反应的时间,大大方方地下班回家吧。

如果不是那种可以马上走人的状况,可以在说完"是的!谢谢您的关照!"之后稍微顿一顿,补上一句"这边有个比较紧急的活儿,那我继续忙了哟",然后看向电脑,或者用"对了……"之类的话术改变话题。

爱挖苦别人的人具有的另外一个特征,就是一旦对方给出了他(她)所预期的反应,其挖苦的行为就会变本加厉。

所以,如果你把对方的话当回事并认真和对方辩驳,对挖苦者来说反倒正中下怀。

当然,无论是谁,被挖苦了都会心生不悦。

这时候请忍住想反驳的冲动,对自己说"这人不过是在嫉妒我"，然后就当无事发生。

对于挖苦者而言，最为无趣的莫过于对方毫无反应。

如果能让对方觉得你是个被说什么都不为所动的人，他们自然会偃旗息鼓，不再进行无用的攻击。

你可能需要花费些许时间来习惯这种处事模式，请不要焦虑，用笑容化解他人的攻势吧。

☑ 居家办公时被监视

虽说近来情况应该有所好转，但此类有"监视癖"的领导应该还是始终存在的。

更有甚者还会命令下属一整天都开着ZOOM[①]……

工作归工作，但一整天都被人监视，那压力可是相当之大。

这一行为的心理学原因，在于"**负面偏见（negativity bias）**"。

相比正面信息，我们的认知机能对负面信息会更加敏感，也更容易记住此类信息。这就是所谓的"负面偏见"。

类似居家办公这种无法直接看见对方的状况，"负面偏见"很容易控制人的思维。

---

①一款提供视频会议和工作协同服务的软件。——译者注

"对了,那家伙曾经在下午打瞌睡。"

"那人说过自己休息的时候喜欢打游戏。这要是旁边没人盯着,岂不是连上班时间都会偷懒打游戏?"

这类想法一旦产生,就会刹不住车。胡思乱想到了一定程度,就会使出"工作时间必须一直开着ZOOM"这样的昏着儿。

对于此类烦恼,我建议采用"每日汇报"的形式来解决。**通过将工作进度和成果可视化,来化解领导的担忧。**

在前一天或者当天一大早汇报本日的工作计划。结束一天的工作后,将当天的工作内容以日报的形式汇总,上报给领导知晓。

除写明在什么时间、去哪里做了什么之外,针对某些长期项目,还可以讲明当前进度及日后的推进方式。

9点至10点　　处理订单(15份/30份)
10点至12点　　外勤,走访客户(客户:A公司)

倒也不需要具体到查看邮件之类的琐碎内容,如此操作的目的,是让领导知道你是否在上班时间有好好处理工作,以及获得了怎样的工作成果,从而让领导彻底放心。

如果在提交日报的时候附上明天的工作安排,则可以一举两得。

向领导提议这种每日汇报的形式后,你还可以进一步建议仅在开晨会和夕会时开启ZOOM,甚至除正式会议之外,完全不用劳烦ZOOM登场。

当然也可以先尝试每日汇报工作,待到领导完全放心之后,再提出后续建议。

上面介绍的各类方法,其并非只是为了逃避领导的监视,事实上很多来访者表示此类方法对自身也大有裨益。

每天规划日程,自然会产生按照计划推进工作的心理,如此一来工作效率更高,也更容易集中注意力。

一份努力,两份收获,可谓是再好不过了。

☑ 强硬态度令人害怕

如果遇上了态度强硬、盛气凌人的领导,请切记:**凭借一己之力与之对抗是很危险的。**

打个夸张的比方,和喜欢采取强硬态度的人相处时,心理上的压力丝毫不亚于面对一头狮子。

加上每天都得和这样的领导打照面,不能指望靠一些小技巧搪塞过去。

这种时候就必须找人商量了。

正如前文所说,不要过度忍耐,请尽早找大领导或人事部门商量，也可以咨询产业医师。

如果一味忍耐，精神上的创伤会越发严重，恢复起来可就没那么容易了。

当然，就算找人商量，也不能保证今天或明天就能有解决办法。

这里给大家介绍两种任谁都能立即实行的"临时应对措施"。

第一种是"告诉自己这种处境会告一段落"。

每天持续不断地被人数落，精神上会相当难熬。如果无从判断"这种处境将持续到什么时候"，只会更加痛苦。

而这时，请想象一下痛苦的处境结束后，自己会干些什么。

18点下班后就能回家了。回家后吃个咖喱饭吧。
今天下午领导预计会出外勤，那么下午可以过得自在点。
回家以后追追剧吧。

人每天在工作场所待的时间不算短，但也不至于一天二十四小时都在挨训。

所以，可以先想象一下今晚或明天自己从烦人领导的高压中解放的状态。

你甚至可以对更加遥远的未来进行展望。

一个月后新项目即将开始，那时就不用像现在这样和这位领导频繁打交道了。

要是这种情况三个月内还得不到好转，就考虑换工作吧。

年末会有岗位轮换，之后我应该就会去新部门了。

脑中明确勾画出困境结束后的景象，将自我意识与当前困境分离开来。 如此一来，你的忍耐能力会有所提升。

第二种是"元认知（metacognition）"。

所谓的元认知，指的是客观地理解、控制自己的认知行为（思考、感受、判断等）。

说得更加通俗易懂些，就是**"客观地观察自身"**。

举个例子，假设你正在被领导狠狠训斥。

这时，你要像事不关己的局外人一般观察当前状况。

××部长正在面红耳赤地破口大骂。

井上（假设这是你的名字）被骂得很惨，吓得都不敢看部长的眼睛。毕竟对方是领导，井上完全不敢回嘴……

像这样把正在经历的状况想象成"现场直播"的画面，或许更容易理解。

一开始可能需要些许练习。记住,主语不是"我"或"你",尽量采取第三人称——类似"井上挨骂了"这样的表达方式——来进行陈述。

通过元认知这一方式,不仅能让你将自我意识从艰难处境中抽离出来,还能使你更为客观地审视局面,进而避免说出一些火上浇油的话来。

但需要强调的,是以上两种方法都不过是权宜之计。

在出现睡眠障碍及身体病症前,请尽快寻找远离烦人领导的方法。

好好保护自己,不要因为烦人领导而无谓消耗你的宝贵人生。

> # 第三章
> 如何与令人头痛的下属打交道

如果觉得和下属相处得不融洽

虽然为和领导之间的关系而头痛的下属很多，但觉得下属难处的领导一样为数众多，只是没那么明显罢了。

公司举办面向管理层的内部培训时，"如何与下属打交道"也是经常被要求讲解的主题。

与下属相比，领导处于绝对的优势地位，按理说就算出现问题也可以轻易糊弄过去——或许很多人都是这么觉得的。

隐约察觉下属状态有点不对劲后，想暂且装作无事发生，结果下属的负面情绪一天天累积，最终忍无可忍，突然爆发……

相信不少在公司管理层任职的人都有过类似经历。

为了避免此类尴尬局面，一旦感觉"和下属相处得不融洽""这家伙挺烦人的"，就有必要采取对策了。

首先，你需要确认这名下属是否真的是烦人精。

没错，的确有员工会以遭到职场霸凌为口实攻击领导，甚至还会因为考虑问题过于自我而胡乱使唤其他同事。但很多时候，其实只是因为沟通不足，才导致你觉得对方"难相处""莫名其妙"。

为了避免这种情况，在介绍应对烦人下属的方法之前，请先回顾一下你平时与人沟通的状况。

"从人性的角度关心下属"是建立信任关系的基础

首先需要确认的，是"你是否知晓下属的诉求"。

可不要觉得这个问题很简单，事实上很多领导并不真正清楚下属究竟想要什么。

举例来说，假如你的工作动机是实现自我价值，就很容易觉得下属也是这么想的。

但事实果真如此吗？

你可能会有些难以置信，但对这个世界上的很多人来说，工作不过是一种谋生的手段，他们并没有什么人生价值想要实现。

遗憾的是有些领导却轻率地以为世界上不存在这样的人，觉得下属这样的想法太过优哉游哉，对其嗤之以鼻。

身为公司员工，在工作中取得成果是理所应当的。如果工作动机强，就更容易做出更大的贡献。

但如果强迫一名已经相当称职的员工做出更多贡献，那就只是单纯的职场霸凌而已。

所以请首先记住一件事——你所追求的东西未必是你的下属想追求的。**只有明白下属的诉求，你才能逐渐开始接受现实。**

在这里，亚伯拉罕·马斯洛提出的"马斯洛需求层次理论"有助于理解"下属的诉求"。

马斯洛将人类的需求描述成生理需求、安全需求、社会性需求、尊重需求和自我实现需求这五大类，并按照金字塔结构从下往上排列。他认为，人类是从最下方的生理需求开始，顺次向上实现自身需求的。

```
         自我
        实现
        需求
       尊重需求
     社会性需求
    （归属需求）
      安全需求
      生理需求
```

尽管任何人都拥有这五种需求，但**职场之上，个人最为重视的需求往往因人而异**。如果能弄清下属最重视哪种需求，就可以酌情调整与其打交道的方式。

举例来说,"生理需求"指的是食欲和睡眠欲。

生理需求是生存的必然需求,如果加班过多,这种需求就会受到威胁。

虽然不同个体之间会有所差异,但对重视此类需求的人来说,生理需求受到威胁是最为严重的事。无论你自己多么能加班,也不能强迫别人去做威胁其生理需求的事。

第二层的安全需求,指的是人希望处于对自身身心没有危害的、安心安全的环境中的需求。重视此类需求的人群,一旦遭到严厉批评,或是被强加难以实现的目标时,就会感到自身受到了严重威胁。

第三层的社会性需求,简而言之就是希望归属于某个集体的需求,以及通过被该集体需要来获得满足感。

如果一个人除职场外还归属于其他集体,或者对个人兴趣非常重视,那么他(她)就不会太在意自己的社会性需求是否在职场上得到了满足。

但也有人会因为在职场上自己的社会性需求没有得到满足而感到不安。

被人批评,和人打招呼没能得到回应,被同事忽视……一旦遭遇此类处境,这类人就会无所适从,失去归属感。

来找我咨询的人里,就有因为和领导打招呼没有得到回应而心生烦恼的案例。

剩下的两种需求中，尊重需求的重点在于"希望被认可""希望被表扬"，自我实现需求的重点在于通过工作成为"理想的自己"。

这下各位应该明白了，职场上，下属们的诉求可谓千差万别。

身为领导，有义务了解下属究竟想要什么；身为下属，同样有义务向领导讲清自己的想法——这种义务是双向的。

但请记住一点，你有必要了解下属的诉求，但并不需要对这种诉求全盘接受。

有的人可能觉得，一旦听取下属的诉求，就必须接受。但请好好想想，你总不能仅仅因为对方"生理需求"比较强，就对其特殊照顾，完全不安排他（她）加班吧？你们是营利机构，不可能满足所有员工的需求。

所以最为重要的，是和下属打交道的时候展现出关爱。

请永远不要忘记一件事：尽管领导和下属的地位不同，但是生而为人，双方是平等的。

所以不要把自己的价值观强加于人，而是**应该怀着关爱之心主动倾听**，看看对方的价值观是怎样的。

要尽可能表现出"我在关心你"的态度，这点很重要。

如果没办法马上和下属展开口头沟通，那就先从观察他们的状态开始尝试吧。

一旦关系闹僵,想要重新修复可谓难上加难。这种情况下,无论你是朝对方发火还是夸奖对方,下属可能都会不为所动。所以在片面认定对方就是烦人精之前,请先尝试好好观察下属的状态,倾听下属的声音吧。

引导下属说出真实想法的问话方式

听我这么一说,肯定有人会表示"就算我跟下属谈心,对方也不愿意吐露真实想法",或者"完全搞不懂下属在想些什么"。

毕竟你每天在公司和下属抬头不见低头见,要是弄不清对方的真实想法,确实很让人烦躁。

不过这里我需要强调一点,无论对方与你是下属和领导的关系,还是其他什么关系,光凭一些小技巧,本就是无法让他人说出内心真实想法的。

这点其实稍做换位思考就能理解。换作你自己,也不会对刚刚结识的人及想要保持距离的人推心置腹吧?

如果尚未和对方构建出彼此信任的关系,问得再多也是徒劳。

尽管如此，为了顺利推进工作，与下属的沟通仍然不可或缺。这里我举两种咨询工作中时常会出现的案例，并给出应对建议。

1. 当下属犯错时。

如果下属犯了错，作为领导你就得对其进行指导。但下属有时候会保持沉默，或者只是嘴上道歉，心里明显不服气，对不对？

虽说你心里可能清楚下属会吸取这次失败的教训，并有所长进，但如果下属听完自己的指导并没有给出预想的反应，你肯定会不知不觉开始连连追问对方"明白了吗"。

从你的角度来说，可能只是希望确认下属是否听明白了，是否把自己说的话听进去了；但从下属的角度来说，他（她）可能会觉得自己正在遭受指责。

对于此类情况，一些针对管理层的教程会告诉大家不要责问下属"为什么犯错"，而是问他们"觉得怎么做才是对的"。

话虽如此，但如果下属知道"怎么做才是对的"，应该早就会和你讲述他（她）的想法了吧？无法立刻对你的提问给出反馈，正是因为他们并不知道"怎么做才是对的"。

这种情况下，我建议你先试着问问下属此刻的心情。

大致确认过事情的前因后果后，在进入指导环节之前，先抛出这样的问题：

"现在你的心情如何？"

"我想先听听你当前的感受。"

然后倾听下属此刻的心情。

如果上来就劈头盖脸地训斥对方，不停地给对方讲大道理，出于自保的本能，下属很可能对你的教诲充耳不闻。

但如果下属心理上的安全需求得到保障，他（她）就能更积极地接受你的指导。

切记，指导下属时，你的心态平和，才能使下属如沐春风。

2. 明明表示"明白了"，却依旧办不好事。

事先已经给下属仔仔细细地进行了说明，对方也表示听明白了，但到了实操阶段才发现，下属根本就没有搞明白……

遇到这种情况，你的第一反应是不是去责问对方——

"你认真听我的说明了吗？"

"要是不明白，之前为什么不问？"

这里我就要说了，其实很多人就是会习惯性地不懂装懂。

究其缘由，无非不希望别人觉得自己反应迟钝，或者不想被领导当成问题人物。所以他们会依照自身理解勉强推进工作，其结果当然就是和领导的期许背道而驰……

如果此时你尚未与对方构建起彼此信任的关系，那就更需注意了。

我的建议是在说明结束时，不要问对方"听懂了没有"，而是这样进行确认：

"那么你打算从哪里着手？"

通过让下属回答具体内容，来判断他（她）领会到了什么程度。如果有理解错误或者没搞懂的地方，就现场进行补充说明。

这样一来，就能防患于未然，避免下属事后犯傻，造成大问题。

只要你能主动接近，下属也会逐渐对你产生信任，沟通的时候就会较为放心地确认自己没搞懂的内容。

身为领导的你可能对此有所质疑，觉得"自己年轻那会儿可没人这么照顾我的感受呀"。

但请注意，时代在变，思维模式也须跟着改变。领导如果过于顽固，与下属间的鸿沟只会越来越深，难以填平。

如何避免对下属的烦恼产生共情疲劳

除却下属不愿透露真实想法所带来的烦恼,有的领导还会因无法解决下属的烦恼而烦恼,进而陷入精神上的疲劳,最后演变成共情疲劳。

所谓的共情疲劳,指的是与对方产生共情,从而陷入极度的疲劳之中。

举例来说,当你身处灾害现场,放眼望去全是残垣断壁,又亲眼看到了受灾者的惨状,就会很容易陷入严重的负面情绪之中。这就是所谓的"共情疲劳"。

同样的事在职场上也会发生。

身为领导,你很关心下属,并且会倾听他们的烦恼,尝试在力所能及的范围内为他们寻找解决办法。但假如对方面对的是经济或私人问题方面的烦恼,身为领导,你也未必能有什么解决办法。

如果过度同情对方的处境,你自己也会为精神疲劳所困。

为了避免这类共情疲劳,我们需要注意别让自己"陷得太深"。

这里具体介绍三种应对策略:

①在能做的事和不能做的事之间划清界限。
②不要独自一人尝试努力。
③花点时间确认自身精神层面的健康状况。

首先,最重要的是"在能做的事和不能做的事之间划清界限"。

有人可能担心这种态度会伤到对方,但请记住,有时候明确告诉对方"自己能帮到什么程度",其实对双方都好。

然后配合策略一,还希望大家记住策略二——"不要独自一人尝试努力"。

以我们医护行业的经验来说,对于某些最开始挂内科的患者,我们会酌情建议他们转到精神科、外科、皮肤科等其他合适的专家医师处就诊。

而职场的底层逻辑其实也是相通的。

如果是有关身心健康的问题,可以找产业医师咨询,或者前往附近的医院、公司内的咨询窗口寻求帮助;如果是借款、离婚之类的法律相关问题,则可以前往"日本司法支援中心"这一机构,该中心能为每位民众提供最多三次的免费咨询。

重点在于你不要把什么事都揽在自己身上,而是**告知下属可以前往咨询的机构或者介绍帮得上忙的人**,这样才有可能真正帮到下属。

最后聊聊策略三,"花点时间确认自身精神层面的健康状况"。

"听人倾诉"这一行为,其实比想象中更容易积累精神上的负担。

尤其在花费了较大心力倾听下属的烦恼之后,如果想不出什么解决方案,甚至可能导致你自己的身体出问题。

若果真如此,当务之急可就不是"解决下属的烦恼"了。

为避免此类情况出现,平时请做好以下几项自测:

- **睡眠质量如何(是否存在难以入睡、频繁醒来、睡眠较浅等问题)**
- **酒是不是越喝越多,烟是不是越抽越多**
- **是否存在暴饮暴食或食欲不振的情况**
- **兴趣爱好是否还在保持**
- **偏好的口味是否有变化(是否变得嗜好咸口和甜口的食物,或者一直喜欢的食物是否变得不合胃口了)**

产生上述状况的原因并不限于共情疲劳,还有可能是压力过大。为了能尽早注意到身体上的这些小变化,请每天花点时间关注自己的健康状态。

领导的那些会威胁到下属心理安全感的口头禅

"心理安全感"是组织行为学专家艾米·埃德蒙森于1999年定义的心理学用语,指的是"确信团队中的其他成员不会拒绝、责难自己的发言"这样一种心理状态。

虽然近年来情况有所变化,但相信还是有很多人——无论业绩多么优秀——不太敢在领导面前毫无顾忌地提出反对意见。

为了提升职场的心理安全感,身为领导,有一件事是绝对不可以做的。

那就是在**下属提意见时,用"但是、可是、话虽如此"等带有否定意味的转折词进行回答。**

下属能够鼓起勇气提出意见,肯定是基于对你及团队的信任。假如你一上来就给予否定的反馈,好不容易构建起的信赖关系必将产生裂痕。

这种情况多出现几次,下属就会觉得说什么都没意义,今后便不再多嘴,在任何时候都保持沉默了。

况且下属如果提意见,哪怕不甚准确,也肯定有他(她)自己的根据。

所以即便觉得这一意见有点问题，也不妨先用"这样啊""原来如此"之类的话术接过话头，然后补上一句：

"你为什么会这么想呢？"

"那就请你具体说来听听吧。"

通过让下属具体阐述意见的产生缘由，不但能把握其意图，有时候还能给自己提供一个新的思考角度。

当自身存在得到他人认可时，人会对该对象产生信任感，进而觉得与该对象所共有的场所（职场）能够提供心理上的安全感。

领导如果能对下属展现出"乐于倾听对方意见"的姿态，下属就会觉得自身存在得到了认可。

正确引导下属的确是领导的重要工作之一。

但你的一句无心之言，很可能会让苦心经营来的和谐的职场氛围毁于一旦。

如果你习惯用"但是"作为开场白，不妨有意识地加以调整。

对下属来说，领导的影响之大，超乎想象。为了避免自己的一句无心之言让下属产生"自身存在遭到全盘否定"的负面情绪，请在沟通的过程中多加注意。

除了尽力提升职场的心理安全感之外，还请注意**不要把**

"我年轻的时候如何如何"挂在嘴边。

领导和下属成长的时代不同,所以往往会有认知上的偏差。

你年轻那会儿,可能很多领导喜欢让下属"跟在领导身后学习怎么干活",但如今这个时代可不兴这套。

请反躬自省,尽力提升职场的心理安全感,从而让工作能够顺利推进。这样一来,下属对你的看法或许也会有所改变。

应对反向职场霸凌的两种观点

到目前为止,已经为各位介绍了身为领导的应对策略,以及优化职场氛围时需要注意的地方。但哪怕你再注意,还是难免会遇上那种会对你进行"反向职场霸凌"的下属。

具体来说,就是你打招呼对方不理不睬,你下指示对方当没听见,你派任务对方完全不干活。可要是你说对方几句——

"您这是职场霸凌啊,我要向行政部门反映这事儿。"

对方马上就会拿"职场霸凌"作为挡箭牌,反将你一军。

你可能会有些不敢相信,现如今为此类问题烦恼的领导为数不少。

最容易成为反向职场霸凌目标的,是那些并非因本人主观意愿或实际业绩当上领导的人。这类人往往气场较弱,加上怕被人觉得自己缺乏管理能力,所以遇到事情总喜欢独自承担,完全不懂怎么与人商量。他们往往都是身心出现了明显问题之后,才来找我咨询。

这种情况下,就算身边的人察觉到了你的异常,但基于你的领导身份,他们往往也不好多话,所以问题经常拖到很晚才被重视。

身为产业医师,我一样遇到过这类反向职场霸凌。需要说明的,是这些进行反向职场霸凌的人通常并不具备明确的行为动机。

他们的目的,可能是单纯地泄愤或者释放压力。比较恶劣的例子,是故意想让位置比自己高的人为难,甚至试图在精神层面将其逼上绝路,让对方不得不辞职。

这种人一旦得逞,非但不会自我反省,反倒会食髓知味地物色下一个攻击目标。

很多人受制于自己的领导身份,不太能拉下身段找人商量。可要是你一直不采取行动,对方就会越发蹬鼻子上脸。

一旦陷入此类处境,你需要做的只有一件事——**收集**

证据。

想要对抗霸凌行为，只能靠证据说话。如果缺乏证据，任何争论都不会有结果。

面对其他类型的霸凌或骚扰行为也是一样的，一定要记录清楚你在何时何地遭到了怎样的对待，可能的话最好留下录音文件，以备不时之需。

另外还请记住一点：切勿热心指导这类下属，更不要和他们走得太近。

问题特别严重的下属，还要避免在没有第三者在场的情况下与其相处。

你可能想象不到，这种反向职场霸凌的加害者当中，不少人会满不在乎地撒谎。

对他们来说，没有第三者在场是再好不过的了。

"领导把我叫去会议室后打了我。"

"领导训了我几十分钟。"

他们会绘声绘色地向身边人讲述此类无中生有之事。

所以遇到这种情况，不要尝试独自解决，应当在收集充足的证据后，**与诸如管理部门、行政部门或人事部门这样的第三方进行沟通，由他们出面处理方为上策。**

与有关部门说明情况时，记得抓住重点。

最好从以下两点出发，指出下属的态度有问题，在展示证据的同时和第三方进行沟通。

- **不利于维持与恢复职场秩序**
- **会导致职场环境恶化**

强调对方的这一行为并不只是个人恩怨问题,而是会对公司管理产生恶劣影响。如此一来,会更容易获得他人的助力。

收集证据,经由第三方寻求解决问题的方法——这些都是让事态正向发展的关键。

这种时候该如何是好?具体场景的应对方式

☑ 连守时这种最基本的规矩都做不到!

自远程会议开始流行以来,对下属不守时的抱怨有所增加。

而且这种不守时往往并非有事耽搁了,而是很多年轻人似乎觉得九点开始的会议,等九点过五分再进房间也没关系。

他们往往没有应该比领导先到且稍做等待的意识，觉得时间上差不多就行，而且也不认为迟到五分钟算是迟到。

甚至还会在会议马上就要开始的时候，用LINE[①]发一句"我会晚到一点"，也不说明迟到的具体原因。

一两次也就算了，每次都这样的话，的确让人很烦躁。

这一行为的根源，在于有恃无恐。

一旦领导容忍了这种有恃无恐，团队的其他成员也会有样学样，最后整个组织就会变得毫无纪律、一盘散沙。

为了避免此类情况，请务必对迟到的人进行约束。

和下属把规矩讲清楚：可能会迟到的情况下，必须事先联络告知；如果已经迟到，必须报告迟到的原因。

如果约好在某处碰头，然后一同出外勤，要事先讲明最多等待多长时间。例如"我最多等你十分钟，要是过了这个时间你还不出现，我就自己先出发"。

这听起来似乎有点不近人情，但对仗着别人善良就有恃无恐的人来说，如果不让他们吃点苦头，他们是绝不会自行悔改的。 教导下属守时是理所当然的事，而为了不惯着他们，可以适当表现得严格一些。

[①] 一款日本即时通信软件，类似微信。——译者注

☑ 不听人讲话！

对领导和同事的建议充耳不闻，坚持按照自己的想法做事情。明明缺乏经验，却总觉得"工作就得按照自己的计划来"，无视领导的指示各种乱来。

这种人通常自尊心都很强，非常自我，工作上喜欢自作主张。放任不管的话，他们很可能会不分工作的轻重缓急而给其他人惹麻烦，甚至犯下严重错误，给公司造成损失。

对这类下属，**首先得让他们把"菠菜法则[①]"做到位**。

但如果单单针对这类下属提出此类要求，他们可能会心生不满，甚至直接顶嘴道：

"为什么只有我必须遵守这些麻烦的规矩呢？"

要是对方真的表现出这种抗拒姿态，请给他（她）一个可以接受的理由。

"如果工作中出现了差错，或者惹了麻烦事而导致公司利益受损，这种情况下，我身为领导，得向公司说明情况，甚至还需要出面承担责任。为了掌握下属的工作进度和项目推进情况，我们有必要将'菠菜法则'贯彻到位。"

[①] 日语中，"报告""联络""商量"这三个词的首字连读的发音与"菠菜"的读音相同，因此被称为"菠菜法则"。通常认为该法则最初是由日本企业家山崎富治于1982年提出的企业管理理念，即"凡事报告、有事联络、遇事商量"，其主旨是加强企业内的相互沟通和信息共享。——译者注

有些事情，身为领导的你可能觉得理所当然，但下属未必能理解。

除了告诉下属你身为领导的立场、职能及责任外，还要让对方明白这么做也是为了他（她）好。

只要在双方都能理解的基础上定规矩，下属的态度就会有所改变。

规矩定好后，请根据对方的报告内容及共享信息进行沟通。

不要单方面地将你的价值观强加于人，而是在对下属保持尊重的同时，修正大的方向性问题即可。

可以在心中划定一个问题的容许范围，超出这一范围就加以修正；如果还在容许范围内，那就睁一只眼，闭一只眼吧。

毕竟要是过分坚持自己的做法，最后你也会变成那个不听人言的领导了。

成天绷紧精神以确保喜欢乱来的下属不要犯错，的确不是件轻松的活儿，但身为领导就得有这种气量，就当是为了发掘下属的真正价值，坦然接受吧。

☑ 没干劲，总是说些消极的话

企业之中，"缺乏干劲"往往会被视作大问题，但从个人看法来说，只要一名员工能较好地完成被委派的工作，就无须强迫他（她）"表现得有干劲"。

上文中我已经引用马斯洛需求层次理论进行过解说，不同的人的职场诉求是不一样的。

但假如某名员工表现得过于缺乏干劲，甚至总说些消极的话导致团队士气受挫，那可就不合适了。

面对这种下属，身为领导的你必须明确指出他（她）的这种言行是有问题的。

大多数情况下，这种让团队士气受挫的人往往不会意识到自己的言行已经对身边人产生了负面影响。

在某种程度上，他们会觉得自己"只是讲了真话"，所以需要让他们明白：**他们的行为是有问题的，不仅让他人感到不快，还对整个团队产生了负面影响。**

然而，这种人即使被指出问题所在，脑子里也可能只会留下"领导骂我影响了团队氛围"这一点印象，甚至还会顶撞回去。

所以你要让他们明白，最后真正吃亏的其实还是他们自己，然后敦促其加以改正。

举例来说，如果有下属在会议中说了影响团队和谐的话，会议结束后，你可以这么问他（她）：

"刚才你说的那番话，你觉得对方听了会有什么感受？"

如果下属给出"对方可能很受打击吧,但我只是实话实说罢了"之类的回答,你可以追问:

"旁边的人听了你那番话,会有什么感受呢?"

假如话说到这份上,下属还是不为所动,你就该明确地告诉他(她):

"今后别说那样的话了,否则最后吃亏的其实是你自己。知道为什么吗?……"

要让下属明白,他(她)的那番话不仅会让听的人感到不愉快,还会导致职场氛围趋于恶化;而对下属自己来说,哪怕他(她)工作很努力,在同事间的口碑也会下降。

重点在于不要简单粗暴地让对方改变做派,而是**让他(她)明白这么做,最后受伤的其实是自己,进而自行醒悟**。

☑ 不听从指示

这里说的"不听从指示",指的不单是"不按指示做事",还包括:当你给下属派任务时,对方却反问"干这种活儿有用吗""这么做有意义吗"。

早年各位领导身为下属,可能都谨遵"必须听领导的话!不要问为什么,按照指示干活就对了"这一原则,但现如今的员工，很可能因为觉得自己被委派的工作没意义或者不合理而提不起干劲，满脑子全是"不想做""做不到"的想法。

我之前读过一份名为《下属对领导的不满之处》的调查问卷，令我惊讶的是"指示不明确"这一项排名相当靠前。

也就是说，很多时候下属并非主观上不愿遵从指示，而是因为领导下达的指示内容不明确，且指示的目的和意图令人难以理解，这才导致他们无法"听命行事"。

为了填补这一认知的鸿沟，领导下达指示的时候不妨**将工作目的和背景讲解清楚**。

不要怕麻烦，请将你下达指示的背景、需要指定该下属来做的原因、工作的具体目的、对今后会产生怎样的影响等一一讲明，让下属对这项工作有一个整体把握，这样他（她）干起活儿来也会心里更有底。

有些领导业务能力一流，但管理能力就欠点火候。如果发现下属不听从指示，不妨先自省一下，看看自己下达指示的方式是否存在问题。

如果总觉得下属慢慢地就会理解而强迫他们听从指示，只会引发他们的抵触情绪，说不定哪天他们就辞职不干了。

不听从指示，是下属心存不满的信号。

请尽早注意到下属的这类情绪，在问题变得不可收拾之前加以解决。

☑ 一旦给予建议或指导就会显露不满情绪

现在的年轻人对于"居高临下的态度"非常敏感。

当你向下属提出建议或者进行指导时,如果对方明显表现出不悦和抗拒的姿态,觉得你在摆架子,你就该考虑一下自己的说话方式是否让下属产生了"居高临下"的感受。

我认为,这一现象的产生和现如今学校教育方式的转变息息相关。

当下的校园教育中,老师已经不能像以前那样严厉训斥学生了。

老师对学生稍微严厉一点,就会遭到家长的投诉,学生自己也会把"我要向教育委员会举报"之类的说辞挂在嘴边。如此一来,老师大都不敢随便训斥学生,所以越来越多的年轻人在成长过程中缺乏"受到严厉训斥"的经历。

很多当代的年轻人并不觉得自己是在学校"跟着老师学习",对他们而言,老师只是"拿钱教课的人",而学生则是"花钱听课的人"。

有这种平等意识当然不是坏事,但带着这种认知进入社会后,他们往往无法理解**公司内部社会化的上下级关系**。这或许就是所谓的时代演变吧。

对这类下属,领导如果还拿着"步入社会就该如何如何"之类的话术进行指导,必然收效甚微。也许在你看来是在悉心指导下属,但在下属看来不过是种"居高临下""自以为是"罢了。

所以在进行指导之前,不妨先尝试放低身段。下属犯错的时候,不要一上来就斩钉截铁地说"你这样做是错的",而是使用一些柔和的开场白:

"确实,大家一开始都容易犯这种错误……"

"我以前也犯过类似的错误……"

不要直白地否定下属的言行,而是展现出换位思考的姿态,然后再陈述自己的意见和想法。

如果担心采取这种态度会被下属看不起,那就平时多和对方强调"要是出了什么问题,身为领导我会承担起责任"。

所谓的领导力,并不是光有严厉和威严就够了。

通过柔和的方式让下属理解上下级关系,同时对其进行指导,下属也会比较容易接受。

现如今当领导不是一件容易的事,而与下属平等相处算是难以忤逆的时代趋势。让我们调整心态,跟上时代的潮流吧。

☑ 一旦搞砸就找各种借口

这一点与立场和年龄无关，一旦搞砸就找各种借口的人往往有个共同点——并不觉得自己是在"找借口"。

这类人的思维逻辑，是"我把搞砸的原因（当然在我们看来无非就是借口）解释清楚了，所以已经算是尽责了"。

由于没有从根本上解决问题，他们今后很容易反复犯错。

对于此类下属，需要让他们关注的不是犯错本身，而是**该问他们"怎样才能把事情办好"**。

例如下属拿"预算不够"当借口的时候，你可以追问一句："你觉得需要多少预算才能把事情办好呢？"

简单来说，就是让下属思考具体解决方案。

可以适当给予提示及建议，促使下属能够自行思考答案，这样才能从根本上解决问题。

☑ 担心下属居家办公的时候有没有好好干活

第二章曾经提到，居家办公的时候因为看不见下属的状态，领导很容易担心下属是否在认真工作。而这一担忧，正是"负面偏见"的根源所在。

比起正面信息,人的大脑更容易记住负面信息,这是一种基于自我保护需要的生存本能。

但假如领导过度受到"负面偏见"的影响,满脑子都是下属打瞌睡和聊闲天的画面,自然会不断地担心下属是否在上班时偷懒。

长此以往,连那些平时工作勤奋的下属也会成为你的怀疑对象。为了缓解心中的不安,你可能会要求下属"开着网络摄像头办公""每隔一个小时就汇报工作进度"。可一旦采取这类极端手段,不但下属会感到不适,身为领导的你一样会陷入过度担忧所导致的负面情绪之中。

但"负面偏见"并非无法摆脱。你可以**用"正面印象"来抵消这类"负面印象"**。

当你开始担心"下属是不是在偷懒"时,可以回想一下该下属工作方面的优点,或是值得称赞之处,共计三点即可。

这样一来,你对下属所持有的负面印象也会回复到客观中立的状态。

容易产生"负面偏见"是人的天性,难以彻底避免,所以必须有意识地调整正负情感的天平，否则你会一直为了如何管理下属伤脑筋。

尽量避免在无谓之事上耗费精力，导致团队的产能下降，尝试让自己的思维方式更加积极正面吧。

第四章
为了不被同事呼来喝去

人往往不擅长应对来自集体的压力

当一群人聚在一起进行某种活动时，会产生所谓的"同侪压力"。

同侪压力的定义是"在潜移默化中和身边的人按照相同的逻辑思考，按照相同的模式行动"。而公司这种组织要求的就是员工"众志成城，拧成一股绳为公司业绩做出贡献"，因此很容易产生"同侪压力"。

同侪压力被控制在合理的范围内时，是能够成为加强集体凝聚力的关键要素；可一旦过了头，就会引发各种不合理的乱象。

"所有人都应该在相同时间、相同地点工作。"

"公司景况不佳时，大家也得跟着一起吃苦，不可以私下享乐。"

如此一来，内部多样性就得不到认同，这也是公司气氛变得令人窒息的要因所在。

形成这种同侪压力的根本原因，在于"人人平等"这一思维模式。

"平等"这个词乍一听似乎有种"没有差别""世界和平"的感觉，但反过来说，意味着同事之中谁都不可以冒尖，也不可以独自快乐。

可即便是同公司，甚至同一批入职的员工，彼此之间的能力也会大相径庭，个性同样因人而异。既然各自所擅长的领域不同，工作业绩自然不可能完全一致。

但这种人与人之间的"差距"，很容易点燃某些人的嫉妒心——
"那家伙太狡猾了。"
"那家伙缺乏协作精神。"
不知不觉中，诸如此类的标签就纷纷贴上来了。

而遭到嫉妒的人为了避开这种恶意，往往只能勉强自己和他人"步调一致"，最终屈服于"同侪压力"。

等到身心健康出了问题，找医生咨询时，哪怕医生建议请假休息一段时间，可能也会心生犹豫：
"大家都挺辛苦的，如果只有我因为身体不适请假，人家肯定不干吧……"
如果产生这种担忧，那就是受到了"同侪压力"负面影响的典型反应。
日本人从小到大接受的教育是在任何场合都不可以破坏和谐气氛，不可以给他人添麻烦，要尽可能地和身边的人保持步调一致。
尤其在校园教育中，一直被灌输"和大家保持步调一致的孩子才是好孩子"的观念，因此进入职场后，虽然理论上

"鼓励大家尽可能地发挥自身实力",但"要配合大家"的心理仍在起作用。

没错,生而为人,所有人都是平等的。
但作为独立的个体,每个人的能力必然是有差别的。

身为集体中的一员,出于工作需要,或多或少都得和同事进行协作。
但这并不意味着你必须隐藏自身实力,勉为其难地和身边的人保持步调一致,也不意味着你必须屈从于"同侪压力"。
同样,你也不必因为自身能力比不上身边的人而感到自卑,要是因此导致身体出状况,那就更没必要了。

上面的内容同样也适用于"和同事共进午餐""周末与同事见面"等非工作场景。
说到底,你需要与同事协作的只有工作上的事。
到了私人时间,你没必要过度配合其他人,完全可以遵循自身想法行动。

为了不被身边的人呼来喝去

身在职场,大概谁都有过受"同侪压力"影响的经历。由于难以拒绝,你不得不配合身边人的步调,接受身边人的要求。渐渐地,你就会被烦人精缠上,成为他们可以随意利用的棋子。

请回想一下,你身边是否有那种无视你的感受及方便与否,上来就要求"和你聊一聊"或者"帮把手"的同事?

如果身边存在这类同事,那你可要注意了。要是对方说话做事总是"全然不在意你是否方便",那就说明他(她)已经对你产生了强烈的依赖性。

而无法拒绝对方各种无理要求的你,此刻就陷入了被对方呼来喝去的状态。

万一出现这种情况,请首先和对方拉开物理上的距离。
完全不见面、不交谈可能很难,但至少请在对方又开始抱怨或者嚼他人舌根时强调一句:

"我有个急活儿要忙,所以只能听你说五分钟。"
通过这种话术,**限制与对方的交谈时间**。

类似的话术还有:

"现在有点忙,不过五分钟的话应该可以。"

"我现在忙不过来,只能十分钟哟。"

可以根据具体情况准备几种不同的拒绝话术。

做了这一步后,可以尝试将时间限制也去掉。

"我现在很忙,空不出时间。"

"上午的工作结束后(午休时间)有事情……"

如此这般,表现出"想挤时间也挤不出来"的态度,这样对方也无法怪罪你。

我们在遇上别人找自己商量事情时,总会下意识地想努力给对方"提点好建议"。

不善此道的人一旦遇上他人找自己诉苦,就很容易产生精神负担,如果被持续缠上,身心都会感到异常疲劳。

在精神状态尚有余力时,你或许尚且能够忍耐,可一旦这种状态持续下去,说不定哪天你就会因为不堪忍受而情绪失控。

容易对他人产生依赖性的人往往不觉得自己有什么坏心思。假如你之前一直对他们和和气气的,后来突然发飙,保不齐对方还会觉你有问题呢。

明明是不顾及你感受的人有错在先,最后反倒是你成了恶人——是不是觉得咽不下这口气?

其实我们这些医疗从业者，有时候也会为了不被患者过度依赖而有意与其保持距离。

举例来说，如果一名患者去医院的频率高过医生给出的建议频率，那就说明该患者对医生的依赖程度过高。

这种情况下，医生会告知他（她）对其依赖程度过高这一事实，同时通过婉拒来与其保持距离。

善良、为他人着想、有协作精神，这些都是美德，但如果过分配合他人的步调，只会被呼来喝去地耍得团团转。

出社会之后，不要总是遵循身边人的尺度来做判断，你的心中应该有一把属于自己的尺子。

在我看来，这把尺子就是你的"感情"。

身为员工，在公司里不太可能"不想干的事就不干"，但也没必要为了和身边的人保持步调一致而勉强自己喜欢上并不喜欢的东西。

至少"感情"这东西是你的个人自由，犯不着连自身的感情都予以否定。

把握好自己与对方之间的平衡

这里还需补充一句：身在集体之中，除了需要拥有属于自己的"尺子",还要学会换位思考。

过度在意他人的感受可能导致你被身边的人呼来喝去,但只凭自己的尺子丈量他人——同样是不对的。

相信各位时常会被身边的人提各式各样的要求,但盲目地照单全收并非上策。

首先应该做的,是站在对方的立场上厘清现状。

在明确对方此时最迫切需要解决的问题后,再来**思考那是不是自己应该做的事**。

举个例子,"听同事抱怨"这一行为,别说其优先级无法和工作相提并论,甚至都不是你非做不可的事。

对这种"要求",如果你心中的那把尺子给出的结论是"现在不想听",那就大可不必勉强自己。

如果你觉得无法很快适应这种"用心中的尺子丈量行动必要性"的模式,也可以先从改变自己休息时间的行动做起。

如果你平时总是和固定的几名同事一起去吃午饭,那就尝试一下和其他人共进午餐,或者干脆自己一个人去吃午饭。

如果平时都是由其他人选择吃午餐的店铺,那你就尝试提出自己的意见——反正和工作内容无关,做起来心理压力也会比较小。

从日常生活中的点滴做起,慢慢改变自我吧。

且容我再啰唆一句,职场是工作的地方,你上班的目的，并不是交朋友。

职场中的人际关系只能算是一种让工作能够顺利推进、为公司带来利益的手段。既然你是基于某种目的和身边的人在一定程度上搞好关系，那如果能通过其他手段能达成目的，就不必拘泥于搞好人际关系。

为了保护自己，保持"适当的距离"

在我看来，人与人之间的距离感不是非此即彼的东西，并非0或100、关系好或关系差那么简单。

进一步来说，每个人对于距离感的认知，以及感到舒适的心理安全距离，大不相同。

和很多人所想象的不同，**你并不需要对所有人都保持同样的"距离"。**

如果不能保持让自己感到舒适的距离，就会过度消耗精力，并且造成巨大的压力。

我并不是建议大家表现出不礼貌的态度，但是显然，你与家人、爱人间的距离感，是不可能与萍水相逢之人的距离感完全一致的，对不对？

职场上，人际关系的"基本距离"，是"不影响工作进度"。

不用太疏远，也不用太亲密，这种彼此都不会感到压力的距离感，才是职场人际关系的基础。

而如果你想和某个同事更加亲近些，那么与对方有些工作之外的往来也并无不可，比如可以尝试自我表露[1]，或者与其共进午餐。可如果你没有想亲近的对象，却勉强自己按照同样的逻辑与同事打交道，那么你对"距离感"的理解可能有些偏差。

与人拉近距离不是坏事，但如果不是非这么做不可，就无须勉强自己，更不应该被他人强迫。

因职场烦恼前来找我咨询的人中，有不少人的问题都出在没有把握好自己和他人的距离。

那要如何确认距离感的合适与否呢？其实很简单，就看日常交谈中，你与他人之间的话题是否超过了"彼此的职责范围"。

大家只是同事，只需要根据彼此的职责所需聊工作上的事就好。

假如某位同事和你聊起家长里短或者私事方面的烦恼，甚至还和你约着休息日一起去钓鱼什么的——从职场人际关系的角度来说，你们之间的距离就过近了。

---

[1] 心理学用语，指的是个体将有关自己的信息表露给他人，是人际关系建立中不可或缺的要素。——译者注

尤其在面对那些你想保持距离甚至想远离的人时，就更是如此。切莫为了不冷场而勉强自己和对方聊闲天，更不要拿自己过往的失败经验当话题。

有些人可能会因为难以忍受沉默的尴尬气氛而忍不住开口与对方聊天，但你不妨这样想：沉默就证明对方其实也不知道该说点什么好。很多时候，对方可能比你还不想交谈呢。

两人独处的时候，沉默可能尤其让人感到不自在，但这并不是需要你单方面操心的事情。

人与人之间的距离是可以逐渐拉近的，但慢慢疏远可就没那么容易了。

有些人个性开朗，面对初次见面的人也能保持较近的心理距离，但在完全弄清对方的人品前，最好不要表现得过于容易接近。

首先请保持不偏不倚的平和心态，根据你在公司里的位置调整与人相处时的距离感，从而打造健全的人际关系。

如何减轻沟通压力

在与他人进行沟通时，我建议首先做好这样一种心理建设：**不要在意被烦人精或合不来的人讨厌，更不要介意他们**

不主动找你搭话。

其实我已经反复强调过很多遍，想要避开烦人精，相对行之有效的办法就是"让对方觉得'你这人不好亲近'"。

只要能减少与烦人精交谈的机会，沟通压力自然也会减轻。所以请记住，"烦人精不找你搭话=好事情"。

有些烦人精喜欢一上来就和人快速拉近距离，同时随意踏足他人的心灵世界，完全注意不到自己给对方带来了不快。

所以如果你感觉自己的心理舒适界限遭到了冒犯，请立即改变态度。

听对方说话时，可以微微倾斜身子，在自己和对方之间放一个背包，抱起胳膊，不与对方对视……通过此类给人以"难以接近、不太亲切"印象的动作来暗示对方。

多番尝试之后，对方也会逐渐有所改变。

哪怕是夫妻、亲人这类极为亲密的关系，相处久了也会觉得疲惫，更遑论和处不来的人打交道了。时间长了，累积的压力只会越来越大。

所以请时常确认与身边人的距离，保持合适的距离感。

如何才能在不被讨厌与记恨的情况下巧妙地拒绝对方

如果要用自己心中的那把尺子做判断,势必会出现拒绝他人委托和邀请的情况。

这里给大家介绍三种"不会让对方感到不快的拒绝方式"。

①表达感谢。
②告诉对方拒绝的理由,并表达歉意。
③暗示对方"下次一定"。

采用以上三种拒绝方式,通常都能够避免给对方留下不好的印象。

举例来说,当领导希望你加班的时候,不要一上来就给出结论,而是先"表达感谢"——
"感谢您给我发需求。"
"感谢您找到我来处理此事。"
如此这般,先对对方的需求和期待表达出接受的态度。

如果对方经常喜欢拜托你做这做那,时间长了,你可能很容易面露不满情绪,但请少安毋躁,先让自己摆出笑脸,爽快地表达感谢之意。

接下来就轮到"告诉对方拒绝的理由，并表达歉意"这一话术登场了。但如果直杠杠地回一句"没可能，办不到"，会给人一种粗鲁的印象。

"对不起，我今天得送家人去医院。"
"真的很不好意思，今天多年不见的朋友从老家过来，已经约好了吃饭。"
你可以事先准备好几条这类让对方无法反驳的理由，以备不时之需。

如果被要求休息日加班，则可以扯"明天要参加朋友的婚礼，没办法来上班""已经约好了帮朋友搬家"之类的理由。

重点在于表达出"自己并非想要偷懒，而是太忙，时间上不方便"这一主旨。

如果真是因为工作太忙无法接需求，可以参考第二章"通过'拒绝'训练成为'会说不'的人"中提及的方法，即找张A4纸把自己的任务清单列出来。这样一来，对方也会无话可说。

不过第二阶段的对话结束后,对方肯定会有种"遭到拒绝"的尴尬,所以这时就需要进入第三阶段:

"抱歉让您白跑一趟,今后也请多多关照。"

请活用此类话术,暗示对方"希望自己下次能帮上忙"。

这种三段式的拒绝方式能够给对方留下礼貌且靠谱的印象(虽说你并没有顺对方的意),让人觉得"好吧,这次实在是没办法",进而心平气和地接受被你拒绝这一事实。

同事之间,如果拒绝方式不得当,甚至可能对今后的日常沟通带来负面影响。

为了不被烦人精抓住话柄,请务必尝试这种三段式的拒绝方式。

这种时候该如何是好?具体场景的应对方式

☑ 不听人讲话,总扯对自己有利的理由

通常来说,不听人讲话的人,往往都是极度自我的人。用专业术语来说,就是"自我中心主义"。

这类人通常都有很强的"自我原则",对于与自己不同的想法嗤之以鼻。

加上具有"贯彻自身想法使问题得到解决"的经验,他们往往会轻视身边人的建议,也不会去尝试理解他人的考量。

无论别人说什么,他们都会按照自身想法行事,贯彻始终。

其实医生当中也有不少此类人。

明明患者才刚开口,他们就已经开始滔滔不绝地说结论了。

通常来说,这类人脑子都转得很快,觉得很多事情就算不说,对方也能明白。但从患者的角度来说,这类医生给人的感觉就是"完全不听人讲话"。

倒也不是说这种习惯一定就是坏事,但在绝大多数时候,不由自主地完全按照自身想法行动,只会伤害到对方。

遗憾的是和这类人讲道理或者解释自身想法,并不会有多大的效果。

因为他们并不在意别人是怎么想的,你跟他们说再多,也是左耳朵进,右耳朵出。

想引起此类人的注意,你得找到窍门。

既然诉诸听觉容易被对方无视，那就尝试通过视觉来表达吧。使用表格或者流程图等形式，将每个细节都解释清楚。

此外还有一个办法，就是在开启话题时加一句"**我想听听××的看法……**"。

因为这类人通常都很自信，你这句话一出，肯定会勾起他们的兴趣，他们也就更有可能倾听你的想法了。

☑ 存在那种喜欢背后嚼舌根、搅浑职场气氛的人

这种人的特征，在于他们聊天的话题中心往往都是别人。

他们不怎么聊"刚刚我被领导叫出去警告了……"这类与自身有关的话题，而是常常聊些别人的八卦，比如"听说社招的××是从A公司离职之后过来的"，等等。

产生这种心理和行为的背景，在于缺乏自我肯定意识。

也就是说，他们会向四周传播其目标的负面信息，以及不希望被他人知晓的秘密，在使目标口碑变差的同时，想通过彰显"我知道这么多的事，厉害吧"来提高大家对自己的评价。

更糟糕的，是这类行为通常都是下意识地发生。

也就是说，**这类人并不觉得自己是在嚼舌根，而是在"告诉你一个大秘密"**。

如果被这类人选为"听众",哪怕你只是在敷衍附和,一样也会被当作他们的"共犯",甚至可能到了最后,你反而变成"说闲话的那个人"。

因为听了些本来毫无兴趣的闲话,导致自身口碑变差——这买卖未免太不划算了,对不对?

面对此类人,只能采取以下手段:

- **尽量避免与其同处一室,不要与其聊闲天**
- **不要对闲话和八卦表现出兴趣**

不听他们嚼舌根,与他们保持距离,这是最为有效的自保手段。

尽管三十六计,走为上计,但要是实在脱不开身,请明确表现出毫无兴趣的样子。

举例来说,如果对方聊着聊着,开始说人坏话了——
请最多回一句"哦,这样啊",同时不要与对方对视,可以玩玩手机,或者表现出自己在专心干活的样子。
只要能尽量在不惹恼对方的情况下"离开聊天室",对方自然会知趣地去寻找下一个聊天目标。

☑ 面对爱展现自身优越感的人

正如第一章中所说的，喜欢展现自身优越感的往往是那些缺乏自信、内心不安的人。

他们中有些人能意识到自己内心深处的不安，有些人则意识不到。但不论是有意识还是无意识，为了不让他人注意到自己的不自信及内心的不安，他们大都会通过吹嘘来维持自尊，通过蔑视他人来保持心中的优越感。

那么，要怎样和这类人相处呢？我的建议是"让他们吹个够"。

假如你被这类人当成了"竞争对手"，对方会尽其所能地展现自身的优越。

这种时候如果你和他们硬碰硬，对方可能会反应过激，对抗会不断升级，白白消耗你大量的精力。

所以一旦对方开始"表演"，不妨**以较为敷衍的态度应付，给他（她）一种"请自便"的心理暗示**。久而久之，对方就会觉得你这人并无什么对抗价值，对你的兴趣也会减弱。

一开始你可能很难让自己保持冷静以敷衍对方，这也是人之常情。

毕竟这类人展现自身优越感的目的，本来就是希望通过带有挑衅意味的话语刺激他人，逼迫他人对自己所说的话产生反应。这正是他们的快乐源泉。

所以哪怕一开始的感受糟糕透顶，也请牢记一点：这人不过是在挑衅罢了。至于对方说了什么，你完全不用往心里去。

此外我还推荐一个方法，那就是"**当对方开始展现优越感时，不要吝惜自己的溢美之词**"。

一般人面对过于刻意的称赞时，通常都会心生警惕；但这类人由于内心深处极度不安，很难意识到你其实是在讽刺他（她）。

"××，你好厉害呀，我怕是一辈子都比不上你呢！"即便是这种常人觉得"极不自然"的褒奖，在多数情况下这类人听了也一样会满心欢喜。各位不妨将其当作一种游戏，多多尝试。

一旦这类人的尊重需求得到了满足，甚至可能在工作上给你搭把手，或者提一些有建设性的建议呢。

☑ 自己失误却推卸责任！

简单来说，对这类人需要多留个心眼。

因为这类人所带来的问题往往不是忍忍就能过去的，弄不好的话，极有可能给你带来实质性的损害。

推卸责任这一行为的心理背景，在于"完美主义"和"自恋"。

正常来说，工作上的成败与人的个体价值并无关系，但对这类人来说，上述两者是彼此等同的。

一般人如果工作上出现了失误，大都知道道个歉，然后采取相应的补救措施；但对这类人来说，**道歉=承认失败=自己的个体价值降低，所以他们无论如何都不愿意道歉服软。**

更过分的，是他们甚至会将自己失误的原因推卸到那些"被冤枉了也不吭气的人"身上。

为了避免这一情况，最好的办法：

尽可能地事先明确责任归属。

这里可以参考本书第二章"对一切于己不利的事采取事不关己的态度！"一节中所说的内容，不要只口头沟通，而是要通过邮件、聊天工具来进行工作沟通。

如果当前状况下只能进行口头沟通，请事后发邮件或者在聊天工具上给对方留言，从而留下凭证。例如：

"在刚才的讨论中，我收到了您有关××的委托，那我就按计划开始推进了。"

此外，请尽量**避免与这类人进行一对一的交流。**

交流时最好有第三者在场，这样哪怕是之后产生问题，好歹也有人能从旁做证，从而避免吃哑巴亏。

☑ 尊重需求过强

"希望自己受到尊重",这是任何人都或多或少拥有的需求。

这一需求本身并非坏事,但如果超过了界限,很容易令身边的人心生反感。

面对这类人,大体上有三种应对方式。

其一,适当地刺激对方的尊重需求。

举例来说,当遇到较为棘手的工作时,你可以尝试着向对方求援:

"这工作我恐怕做不来……××你是这方面的专家,能不能拜托你帮帮忙?"

一旦对方的尊重需求得到满足,就极有可能开开心心地接下这单活儿。

其二,接话时不要改变对方的用词。

假如对方说自己"今天早会的工作汇报很成功",你不要回一句"你的发言挺精彩的",而应该顺着对方的话头说"××,你早会的工作汇报让我受益良多"。

如此这般用对方的表述进行回话,如果再带上对方的名字,效果尤佳。

这里有个小细节：许多尊重需求强的人，哪怕是被人纠正了个别用词，也一样会产生遭到否定的感受。

所以和他们日常交流的时候不妨多多注意。

其三，哪怕是些琐碎的小事，也不要忘记向对方表示感谢。

这一点不限于尊重需求强的人，任何社交场合我都建议大家这么做。

人一旦觉得自己受到了重视，就很容易产生满足感。

明确地表达谢意，维持适当的距离感，这样和对方打起交道来也会轻松许多。

当然，我不是让大家抱持着利用他人的心态和人打交道，只是建议大家遵循做人的基本常识，根据打交道之人的特性灵活调整应对方式。

☑ 只做自己想做的工作，单方面地把其他工作推给别人

每个人都有擅长与不擅长的工作类型，对于工作的喜好也有偏差，可偏偏有些人只愿意做自己喜欢的工作，其他麻烦事儿全都推给同事和资历比自己浅的人……

对其他同事来说，这种人可谓是相当让人头大。

要是你遇上这种人，请毫不犹豫地和领导谈谈。

因为分配工作本该是领导的职责,所以你最好不要独自和这种人计较,而是应该拉领导上场解决问题。

只做自己喜欢的工作,其他脏活儿、累活儿全推给别人——会这么做的人,通常都有其自身目的。

有可能是因为这样比较轻松,也有可能是因为想做的工作更容易帮助自己提升在公司里的口碑。

不管对方是基于何种目的,放任不管的话,只会让对方得寸进尺。

在情况进一步恶化前,请尽早想办法处理。

第五章
如何应对不讲道理的顾客和合作方

❌ 切不可对不讲道理的顾客做的事

在从事产业医师和精神科医生工作的过程中，我发现近来因为顾客感到烦恼的案例越来越多了。

为什么最近不讲道理的顾客越来越多了呢？我认为主要是由于"顾客就是上帝""花钱的人就该享受优待"这类思维模式。

但仔细想来，你付钱的原因，是为了获得商品，或是接受某项服务。从这个角度来说，消费者和经营者的地位其实是对等的。

其实就算不考虑这些，生而为人，本就不应该仗着自己是顾客而肆意伤害店员的尊严。

但现如今社交媒体和互联网上的舆论具有超乎想象的影响力，导致有些人稍有不爽就开口威胁说"我要把这事儿发到网上去"。

这也在一定程度上导致了蛮不讲理顾客的增加。

身为经营者，自然希望通过冷静的对话来稳妥地解决问题。但遗憾的是对这类难伺候的顾客，**讲道理和陈述己方难处是毫无用处的**。

话虽如此，但提供商品和服务的一方当然也会有自己想保护的权利。

在本章中，我将为各位具体介绍一些既能保护自己的权利，也能将损害降到最低的对策。

这些不讲道理的顾客中，有些闹腾一会儿之后便会自行离开，但有些则会纠缠不休，甚至要求店家进行赔偿。

如果是要求改善服务质量或者退换货，倒也还在接受范围之内，但有些顾客还可能提出更为过分的要求。

遇上这种顾客，又该如何应对呢?

下下策，是对顾客的要求全盘接受。

一旦对方觉得蛮不讲理的要求也能轻易得到满足，势必会变得欲壑难填，蹬鼻子上脸地提出更多过分的要求。

这种恶意投诉的顾客不在少数，因而很多经营者往往无法鼓起勇气拒绝他们的无理要求。但这类人只要尝到了一次甜头，今后就会不断地骚扰索取。

想要从根本上解决这一问题，你需要做的不是通过屈从暂且解决当下的麻烦，而是需要让对方明白"不合理的要求在我这儿是行不通的"。

本章会为大家介绍面对蛮不讲理顾客时需要做的心理准备，以及一些具体的应对措施。

应对投诉的两点注意事项

面对恶意投诉时,请大家首先牢记一点:蛮不讲理的顾客的那些无理要求和恶意投诉,并不是针对你一个人的。

当你被顾客指名道姓地痛骂,或是被揪着抱怨个没完的时候,很容易产生一种"顾客是在对你一个人发火"的错觉,其实大多数时候并非如此。

顾客其实并不是对你个人不满,而是对你就职的这家公司、这家店铺不满。

永远不要忘记一件事:自己不过是顾客发泄对公司不满情绪的一个渠道。

基于责任感,你可能会尝试独自解决问题,或者对顾客的要求照单全收,但这很可能导致你遭受精神上的创伤,反倒无法冷静地应对顾客的无理取闹。

为了给不讲理的顾客划定一条"更加过分的要求恕不接受"的红线,最好不要一味地任凭对方纠缠,而是要学会让自己从中脱身。

这里我推荐一个小技巧,**那就是划分时间段,"一对一的沟通时间不要超过十分钟"。**

你个人与其沟通的时间不超过十分钟，部门与其沟通的时间不超过半小时——请定好诸如此类的明确规矩。

此类顾客往往会为了达成自身目的而纠缠不休，如果对这种纠缠能何时结束没有心理预期，精神上会相当痛苦。

相信有切身体会的读者应该对这一点能够感同身受，而从精神科医生的专业视角来看，当人被单方面责骂与抱怨时，最多只能在十分钟内保持冷静。

如果顾客最开始找上的是你，在与其沟通到十分钟这个节点后，请用"我请我领导和您沟通"这类话术，将接力棒交给上级。

当领导也进行了十分钟的沟通后，可以进一步打打太极，说：

"您提出的意见，我会上报总部知悉。"

"当下我们比较难做判断，能晚些时候再和您进一步沟通吗？"

这种顾客肯定会希望经营方当下就给出某种承诺，所以这时你就需要顶住压力。

对无理取闹的顾客，本就不能用常识来判断，一旦他们的情绪上来了，更是会变得油盐不进。

所以请尽量采取拖延时间的战术，待其冷静些许之后再

寻求解决办法。

其实这种事在医院也经常发生。

现如今的医患关系中,患者的话语权变得越来越大。当有些身体、精神方面状态不佳的患者前来就诊时,如果等待时间过久,可能就会当场发脾气。

等待时间过久的确是医院方面亟须解决的问题,但假如某位患者对着前台连续抱怨一个小时甚至两个小时,一方面会耽误医院的正常工作,另一方面也会给其他患者带来困扰。

正因如此,几乎所有的医院都设有"与单名患者的沟通时间最多不超过多少分钟,如超过这一时间则增加应对人数,并延后处理"之类的规矩。

如今很多企业都已将应对顾客投诉的方法规章制度化了,但不少员工对此并不知晓。

所以请先确认一下自己就职的公司或店铺是否存在此类针对顾客投诉的规章制度。

在恶意投诉找上门来之前,事先做好心理准备,今后在精神层面会轻松许多。

易怒之人的心理

上一节告诉了大家该如何应对那些企图通过恶意投诉达成自身目的的顾客。其实这些会因为些许小事火冒三丈的人,其行为模式大都有迹可循。

这类人的共同特征,就是并没有意识到自己是在"恶意投诉""提不合理的要求"。

应该说绝大多数人都觉得自己的要求是"正当"的。

然而从客观角度来看,他们的行为明显是有问题的。为什么当事人仍然会这么做呢?

原因在于这类人心中深藏着尊重需求。

这类人平时往往心中充满不满情绪,觉得"自身能力没有得到社会的正确评价""自身存在没有得到认可",所以其尊重需求非常强烈。

因为觉得"自己理应获得更高的评价",所以一旦得不到自身所期望的服务,就容易陷入被害妄想症的泥潭,觉得自己"被草率对待了",或者"被人鄙视了"。

举例来说,有些上年纪的人会责骂年轻店员的待客态度太差,还对店员的行为指指点点,而这一行为的深层心理原因,在于希望"自身的存在价值和必要性获得社会的认可"。

如果能通过发火让对方道歉，他们就会产生一种"这里我说了算"的快感，进而觉得自身的正确性获得了认可。

这种认为"自己能够支配他人（或者某处自己说了算）"的感受，在心理学上叫作"自我效能感"。对人类来说，这是一种颇为愉悦的快感。

也正因如此，有了一次成功经验后，这类人就可能会为了再度获得快感而不断将事态升级。

如何让对方消气

身为服务业的从业人员，任谁都可能遇到"明明不是自己的错，顾客却突然对自己发火"的"事故"。

遇上此类情况如果不懂得采取正确的应对方式，不但会越想越害怕，还可能给事态火上浇油。

但如果你懂得正确的应对方式，就能比那些不知所措的人更容易保持冷静。为了避免事态恶化，请事先将正确的应对方式牢记于心。

面对蛮不讲理的易怒人士，大体上有两种应对方式。

首先最重要的，是无论你心里多害怕，也不要表现得战战兢兢，更不要惊慌失措。

哪怕内心觉得恐惧，也要表现得落落大方、不卑不亢。

如果对方上来就觉得你是个怯懦的人，便会肆无忌惮地说教个没完。

面对顾客的突然袭击不要慌张，请在心中对自己不断强调"这人并不是在针对我个人""先忍十分钟再说"，让自己冷静下来。

同时还可以使用第二章"强硬态度令人害怕"一节中所提及的"元认知"技巧。

此外还有一件事请牢记于心：

绝不要试图劝慰发火的人。

店长、领班或者现场负责人这种身份高一些的人，有时候会尝试对对方说"好了，好了，您也犯不着发那么大的火"，试图缓和局面，但这种努力通常都只会收到反效果。

因为此话一出，对方多半会更加暴怒，反驳说"我才没发火，你怎么说话的"。

究其缘由，对投诉者来说，你的这种"试图劝慰"的行为等同于"试图控制对方的怒意"。

前文说过，觉得自己"能够支配他人"的"自我效能感"是种让人难以抗拒的快感，可要是被支配的人是自己，那就只剩下不快了。

所以请不要尝试安抚对方,而是先听明白对方的诉求。

哪怕对方的说辞怎么说怎么可笑,你也不妨带着"没准我确实哪里招待不周呢"之类的心态,**先听对方把话说完。**

让对方先把"发火的理由""到底是对什么不满"讲清楚。

在听对方讲述的过程中,即便是觉得其说辞百分之百站不住脚,也绝对不要反驳。

"意见那么多的话,下次就别来了",这种话心里想想就好,千万不要说出口,否则只会成为对方怒火的助燃剂。

所以这种情况下不要着急,请尝试先听对方把话说完。

等到对方差不多把怒气都宣泄完了,你就可以采取下一步的行动。

首先仅对对方的"生气情绪"表示感同身受,并且道歉。

"您的心情我非常理解,很抱歉让您产生了不愉快的感受。"

请注意,**这里的道歉仅仅针对"对方难得来店里一趟,却弄得如此不愉快"这点,不等于承认过错全在己方。**

这种道歉虽然无法完全消除对方的怒意,但至少对顾客"生气"这点表达了歉意,能够让顾客的怒意从峰值回落,逐渐恢复冷静。

待到对方冷静下来之后，再对其投诉内容给出反馈。

如果确实有己方做得不到位的地方，就表示今后会加以改进。但对于对方不合理的要求，请切莫松口。

我已经反复强调过很多次，面对恶意投诉，大忌中的大忌就是为了当场让对方息怒，抱着"下不为例"的心态接受对方的要求。

这样做乍一看能快速解决问题，但必然会让此类顾客食髓知味，今后各种更加过分的无理要求将会纷至沓来。

想要从根本上解决问题，只能让对方明白"自己说再多也是白搭"，最后主动放弃。

牢记"顾客的投诉针对的是你所属的集体，而非你本人"，同时设定好明确的"应对时限"，感觉对方的愤怒值越发高涨时，就通过表示"感同身受"让其冷静下来。

耐心重复以上流程，直到对方就此放弃。只有将"无理要求恕不接受"的态度贯彻始终，方能从根本上解决问题。

应对不给他人留拒绝余地之人的三个要点

这种情况其实不限于服务行业，相信很多就职于其他行业的读者，也遇到过那种用强势态度提出各种要求，根本不给他人留拒绝余地的客户与合作方。

与客户打交道时,你代表的往往不是你一个人,而是你背后的部门甚至整个公司。为了避免你个人的原因导致与对方交恶,有时候会被迫接受对方的无理要求,对不对?

其实这种情况与面对恶意投诉者时类似,一旦接受了此类客户的无理要求,之后就会被对方各种压榨,最后可能导致整个公司的利益受损。

所以明确告诉对方"办不到的事情就是办不到",就很重要了。

话虽如此,但拒绝客户的要求可是需要不小的勇气。

万一对方跑去向你的上级投诉,不但领导会发火,甚至可能引发公司内部的问题……

所以我很明白大家为什么难以拒绝客户的要求。

那要怎样才能稳妥回避蛮横客户的无理要求呢?大体上有三种思路。

只要能做到以下三点,你就能够避免打落牙齿和血吞地接受客户的无理要求,哪怕拒绝对方也不会引发大的问题。

①切勿尝试独自解决问题。
②不要急于给答复。
③避免和对方进行十分钟以上的沟通。

我们先来看第一点。

所谓的"切勿尝试独自解决问题",指的是哪怕面对公司全权交由你负责的客户,也**不意味着所有问题都需要你独自来解决**。

举例来说,可能对方一开始只是要求你"免费提供几件商品作为样品参考",虽说对这种程度的要求,负责人能自己拿主意,可万一对方就此食髓知味,今后开始提希望打折甚至触犯法律的要求,那可就不好办了。

如果觉得某位客户有此类倾向,最好未雨绸缪,先跟领导及团队其他成员通个气。

特别是在对方提过分要求的时候,一定要事无巨细地跟领导汇报一切动态。

假如在公司毫不知情的情况下发生了重大问题,从公司层面来说,也很难马上采取应对措施。

假如你觉得有些事情是你这个负责人就能判断、处理的,所以没有一一上报,等到出现大问题时,你之前的行为也会曝光,那可就跳进黄河也洗不清了。

所以请牢牢记住,客户引发的麻烦事应该交由公司层面解决,切勿凭借一己之力盲目硬撑。

再来看看第二点,"不要急于给答复"。

其实只要接纳我的第一点建议,建立"应该交由公司层面解决"这一意识的话,第二点便水到渠成。

简而言之,**你没必要第一时间答复对方的要求。**

哪怕对方咄咄逼人,不打算给你拒绝的余地,也请淡定地打打太极,不要着了道儿。

"这事我一个人拿不了主意,得回公司后内部讨论一下。"

"我得先确认预算和同事的时间安排,日后答复您。"

请事先在心中准备好几条通用的拒绝话术,以备不时之需。

当对方千方百计地想诱导你给出肯定答复时,贸然回答会被对方牵着鼻子走。

为了避免这一情况,请尽量采取拖延战术,不要当场答复。

最后一点,是上一节就提到过的:避免和对方进行十分钟以上的沟通。

面对各种棘手状况,一个人能够独自应对的时间极限是十分钟。

即便对方表示"你不接受我的要求我就不离开",你也最多与其纠缠十分钟。一旦超过这个时限,请用"这事我一个人拍不了板,请等我去喊领导来"之类的理由将接力棒交给他人，或者用"这件事我一个人说了不算，得请示上级"之类的话术脱身，和对方展开持久战。

通过争取时间，能够让事态得到有效降温。

如果你是那位接到下属接力棒的领导，且到目前为止与该客户的交涉已经超过了半小时，那么再与其纠缠下去只会没完没了。

请直接告诉对方"这件事我们部门不能做决断，具体措施要等公司内部讨论之后再决定"。

这里请容我再强调一次：你只是公司和客户间的一扇窗口。

哪怕只有你和客户方的负责人在场，你俩也都只是代表各自的公司在沟通罢了，并不是作为个人在往来。

所以请明确区分哪些事情可以自行处理，哪些事情需要借助公司之力来完成，从而与客户保持良好的合作关系。

回避无理要求的交涉技巧

假如上面介绍的方法不足以让你摆脱过于固执的客户，甚至大有争吵起来的趋势，针对这样的困局，我再介绍一个小窍门。

那就是"尽量让对方提出具体要求"。

举例来说,假如对方提出"报价便宜点"之类的要求,你就可以追问一句"您具体希望便宜几个百分点"。

讨价还价的时候,对方最喜欢干的就是通过让你揣度他们的心理预期价格,制造出"是你主动降价的"这一所谓的客观事实,并在此基础上大肆压价,从而达到利益最大化。

为避免陷入这一窘境,最好**一开始就让对方定好上限**。

你可能会担心"万一对方提出非常不合理的条件该怎么办",但请注意,客户与身为独立个体的顾客不一样,他们也是某个集体中的一员。

如果提出的要求太不合理,一旦被上级发现,他们自己也是会被问责的,所以反倒不能由着性子张口就来。

如果还是不放心,可以采取这样的话术:

"我不能保证一定能按照您说的金额成交……"

"(如果对方提出了多项要求)我也不确定是否能满足您提出的全部要求……"

用这样的开场白来确认对方的要求,就可以给自己多加一道保险。

如果对方就是不愿意陈述自身的具体诉求,顾左右而言他，和你打太极，你可以这样答复：

"要提请公司内部讨论，也需贵公司告知具体要求，否则讨论很难继续推进……"

"作为参考，需要贵公司提供……"

如此一来，对方将极有可能告知其具体要求。

待到对方告知要求后，再用"感谢告知，目前我不敢保证您的要求一定可以达成，回公司后我们会进行内部讨论"之类的话术结束沟通。

这样一来，你就**无须给予对方"是"或"不是"的明确答复，但对方仍然会有种"要求暂且被接受了"的感觉，现场气氛不至于闹得过僵。**

这就是所谓的"尽量让对方提出具体要求"。

顺带一提，如果交涉时你是提要求的一方，这种交涉方式一样有效。

举个例子，假如你希望将交货日期延缓一周，那就首先把话题引向"对方的期望"——

"为了确保万无一失，有些细节还需花时间进行确认。如此一来，交货日期可能需要推迟，贵公司最晚可以等到什么时候？"

如果是那种真的非常紧急的项目，对方一开始就会强调必须严格遵守交货时间，换句话说，大多数单子的交货时间其实是有回旋余地的。

但假如你一上来就颇不客气地讲明己方要求,一旦该要求超过了对方的可接受范围,就会给人一种"蛮不讲理"的感觉。

过于无理的要求会损害你在对方心中的形象,哪怕这次交涉成功了,对方对你的信任也会跌至谷底。

当然,对方的可接受范围未必能和你的期望完美契合,这种时候你就需要根据实际情况来努力调整了。

假如对方表示"晚个三天没问题",你也应该做出适当的让步,回答说:"其实我方是希望能够推后一周时间的,如果贵公司觉得实在难办,不知延期五天是否可行?"

这样一来,**由你先展示出让步的姿态**,也更容易让对方觉得"再稍做让步也无妨"。

哪怕你的交涉对象并不是烦人精,沟通时也同样需要互相妥协和让步。

所以请先听明白对方的诉求,再不疾不徐地仔细应对。

如何能既拒绝对方，又不让气氛变得难堪

前面为大家讲述的大都是"回避对方咄咄逼人攻势"的方法，但有时候，我们不得不当场明确拒绝对方。

"容我们内部讨论一下"这种话术说到底只是在拖延时间，等讨论结束后，还是得由你这个负责人来传达讨论结果。

运气好的话，回绝对方时领导可能会出面交涉。可只要业务没被叫停，负责人也没变更，你就得继续和客户打交道。

从长远考虑，你当然不希望将气氛弄得太难堪。

基于此，在告知对方讨论结果时，不妨附带提及一些较为"正面"的信息。

即使对方之前提出的要求再不合理，只要要求中存在哪怕一丁点"可取之处"，就请连带着给予诸如此类的反馈：

"贵公司提出的意见及诉求对我公司来说具有相当重要的意义，今后我公司将努力优化自身业务水平和流程。"

"之前我已将贵公司的建议在管理层会议中做了汇报，根据会议讨论结果，我方深刻认识到这是我们全公司亟待解决的问题，今后会制订相应优化方案。"

或者可以提及一些更为具体的内容：

"我们会尽力确保在预算范围内提交高质量的产品。"

"我们在考虑今后引入可以作为样品借给客户参考的样机。"

总之就是告诉对方,**尽管这次拒绝了对方的要求,但对方的意见给你个人及整个公司都带来了长期的正面推动效果,从而满足对方的尊重需求。**

只要对方觉得"自己说的话获得了认同,没有白白表态",即便是这次的要求遭到了拒绝,从结果上来说也依旧能够接受。

为了避免对方心存芥蒂,请尽量以对方能够接受的形式跟进。

只要诚意能传达到,不但气氛不会变得难堪,没准对方对你及你们公司的信赖程度还会提升。

这种时候该如何是好?具体场景的应对方式

☑ 对方过于生气,什么话都听不进去

明明错不在你,对方却莫名地怒发冲冠,说话也变得全无条理……

如果碰上这种人，真可谓是倒了八辈子霉。

面对这种客人，光靠"不接受对方要求""不认为对方的怒意针对的是自己一个人""一个人只与其沟通十分钟"这几项技巧可能还略显不够。

无论是感同身受，还是换人与其沟通，恐怕都无法让这种人消气，弄不好对方或许会更加激动，甚至索要金钱物品，嘴里蹦出"损害赔偿""精神损失费"这样的词儿。

遇上这种情况，你可能会陷入恐慌，其实可以用一句话让对方就此闭嘴：

"我会找我的顾问律师商量。"

哪怕你没有顾问律师也无须担心，因为说这句话的目的，只是借助"律师"这个词震慑对方，结束对话，实际上有没有顾问律师反倒不是重点。

除"律师"之外，"警察"这个词也颇具效力。

"我会和顾问律师商量后再答复您，麻烦给一个联系方式。"

如果摆出询问对方个人信息的样子，便能更加有效地向对方施加压力。

有些顾客嚷嚷着"损害赔偿""精神损失费"时，其实并不明白这些术语具有怎样的法律效力，假如他们真以此类名义起诉你，是捞不到什么好处的。所以请挺起胸膛勇敢面对，对方一旦害怕服软，自然会乖乖走人。

或许有的读者会觉得闹成这样太过难看，无法鼓起勇气进行尝试，但面对此类顾客，姑息对方便是对自己残忍。请记住，如果你不能强硬起来，麻烦事只会没完没了。

☑ 被人居高临下瞧不起

如果一个人盛气凌人地对待店员，还因为一些小事喋喋不休，那么日常生活中他（她）的尊重需求大概率没有得到满足。

会试图通过发火让别人屈服，无非为了缓解"自身存在和能力没有被认可的机会"这样一种失落感。

简而言之，这类人的心态就是"通过在店里消费，让店员认同自己这名顾客""对于这家店来说，自己的存在是很有必要的"。

对这类人来说，店铺是能够满足自身的尊重需求，消解自身的自卑情绪的重要场所。 从某种意义上来说，他们也是可怜之人，只是苦了和他们打交道的人。

不过越是这种时候，我们自己越不能跟着一起发火。
如果与这类人产生正面冲突，只会进一步刺激其自卑情绪。

如果对方的怒火持续往上冒，对你来说事态也会变得难以控制，所以请不断告诉自己"这人不过是个尊重需求得不到满足的可怜虫罢了"，尽量敷衍对方就好。

或许你会觉得这种"仗着自己是顾客就肆意妄为"的态度让人很不爽，可一旦对方发现你不愿给出他（她）所预期的反应，马上就会兴味索然地去物色下一个目标。

这类人自卑感很强，很容易因他人的一句话或者一个表情而产生"遭到否定"的感受。

如果一不留神刺激到了他们，你就得花费大量的时间与精力来与之周旋。

所以请参考本书第二章最后一节中所传授的技巧，用"应付完这位客人之后喝杯咖啡奖励自己一下"之类的想法安慰自己，通过想象接待结束后的画面来让自己保持冷静。

☑ 说过的话一变再变

相信不少从事营销工作的读者都遇到过那种想法和说辞一变再变的客户，个中辛苦不言而喻。

前阵子明明说想要某方面的资料，等你辛辛苦苦把资料准备好并且提交过去后，对方却看都不看，又自顾自地提出其他要求……

这种客户的确让人很头疼。

面对这种客户，可以采取第四章"自己失误却推卸责任！"一节中所提及的应对方式。

由于对方是客户，一旦双方开始纠结"某件事情对方到底说没说过"，很容易让你陷入不利局面，所以沟通时切记通过邮件等方式留下证据。

如果只是作为留给自己的笔记，真要是发生了什么状况，尚不足以让身边的人与你同仇敌忾。所以在与客户约好碰头时间后，可以以感谢邮件的形式与其确认需求内容，并且以汇报进度的名义时常与对方保持邮件沟通。

如此一来，假如对方的回信中出现了"我没这么说过"之类的字眼，你可以在再次确认之后立即止损；假如对方没有明确表态，你就可以理解为"继续推进也不会有什么风险"。

通过电话沟通的内容也是一样的，事后请发一封邮件，确认自己的理解是否存在偏差。

如此这般将各种防御措施做周全后，如果对方还是朝令夕改地自说自话，你也可以用试探的方式与之对抗：

"之前您不是这么说的，那我是否可以理解为贵公司打算变更计划呢?"

这种时候不妨把话说得直接些,给对方一种"并非逆来顺受"的印象。

此外还有一点很重要,那就是尽量不要独自和客户对接。

最好能够事先将信息共享给领导及团队成员,避免一对一地与合作方的负责人沟通,发送邮件时**抄送给双方领导,让领导及时掌握项目动态,这样才能防止出现大问题**。

如果总是浑浑噩噩地受对方摆布,事情永远不会迎来转机,最后你和公司都有可能蒙受损失。

所以请鼓起勇气,留意以上细节行动起来吧。

☑ 与工作无关的无谓指责过多

一两次也就罢了,如果有人频繁地对你发起与工作无关的无谓指责,会生气也是在所难免。

即便你虚心接受对方的意见并加以改进,没过多久对方又会在其他方面对你横加指责……这种情况下,该客户大概率不是不满意你的工作态度,而是对你本人、你们本次提供的服务,甚至你们公司有意见。

哪怕对方的指责并非完全胡搅蛮缠,你也不可能百分之百地按照他(她)的要求去一一改进。

针对此类客户，我提供两条应对策略。

其一，通过表达感谢来敷衍对方。
用不着过于诚挚地表达谢意，说说场面话就好。

其二，打开天窗说亮话。
如果对方表示出不满，可以直接问他（她）"您是否对我（或者我公司）有不满意的地方"。

如此发问，对方多半会有些吃惊，待其回话后，可以再补充一句：
"感谢您的提点，不过上述意见貌似都与我公司的具体业务及服务内容无关，可否认为您其实对我公司的业务能力并无太大意见……"
这类人和第三章"没干劲，总是说些消极的话"一节中提到的人类似，通常都没有意识到自己的言行破坏了气氛。
所以如果不把话彻底说清楚，他们还会不断地发牢骚。
与其沟通时，请用清晰的语句表达你的态度。
"感谢您的意见，但您说的这些和业务并无直接关联，我方怕是难以进行调整。"
这听起来似乎有些不留情面，但对这种人就必须捅破那层窗户纸。
光是表现出不满态度，对方是意识不到的。

☑ 过于纠结不重要的事

相信大家都不喜欢那种不好好讲清业务诉求，总喜欢纠结一些无关紧要细节的客户吧。

虽说对方纠结的可能都是些小事情，但日积月累下来，其实也会消耗不少的时间与精力。

遇到这种情况，最为理想的状况当然是"能够拒绝对方的要求"。但请注意，拒绝也是需要一定技巧的，机械死板乃是大忌。

请不要硬邦邦地用"这是公司规定，我也没办法"之类的话术直接回绝对方，而应该展现出与对方共情的态度。

第四章"如何才能在不被讨厌与记恨的情况下巧妙地拒绝对方"一节中所介绍的拒绝方式，算得上是通用手法，可以适用于各种不同的场合。

再次请大家记住以下三步：
①表达感谢。
②告诉对方拒绝的理由，并表达歉意。
③暗示对方"下次一定"。

"公司规定"确实是个正当理由，但从听者的角度出发，哪怕明白对方说得没错，依旧会产生一种被甩脸色的不愉快感受。

举个例子，明明是视频会议或电话就能解决的问题，客户却非得要求面谈——对方会如此坚持，自然是有其必须坚持的道理，这种时候不妨先问问缘由。

"感谢您愿意安排时间与我方面谈，您的心情我非常理解……"

在将心比心地表达谢意后，再表示：

"但很抱歉，当前状况下面谈恐怕有些困难……希望等情况稳定些之后再做安排。"

这样一来，同样是拒绝，给人的感受却要柔和许多。

像前文提及的马斯洛需求层次理论，五个需求中最重视哪个，每个人的看法都不一样。

就好像有些人会因为向领导打招呼却得不到回应，由此累积精神压力一样，有些在你看来无足轻重的小事，一样可能成为导致人际关系出现裂痕的罪魁祸首。

请将这个道理牢记于心，尊重他人，构建起良好健康的人际关系吧。

第六章
缓解压力的心理自我护理

✓ 能到六十分就给自己算"及格"

新型冠状病毒疫情以来,居家办公和远程办公越来越普及。如此一来,需要和烦人领导面对面的概率就大幅降低,不少人在人际关系方面的烦恼也因此大为减少。

但与此相对,居家办公就等于你无法随时随地向同事发问或者请求帮助,大多数时候得独自一人完成工作。

前文为大家介绍了很多应对各类烦人精的方法,但受困于职场人际关系的人当中,也有不少人其实是因为怕给别人添麻烦,所以很难开口向他人求助。

因为顾虑太多,这类人往往会独自承担超过自身负荷的工作量,进而陷入独自烦恼的旋涡……

如果一个人缺乏"互帮互助"的意识,从来不懂得向他人求助,那么这样的人因为职场人际关系感到烦恼的概率就会相当之高。

不愿意给他人添麻烦的人通常责任心都很强,这当然不是坏事,可如果忍耐过头,有朝一日压抑的情绪突然爆发出来,没准会给你的公司带来大麻烦。初衷是不想给人添麻烦,从结果上来说却引发了严重问题——相信没人会希望事态如此发展。

为了避免这一情况,我们需要对自己的承受极限有一个清晰的认知。

一旦超过这一极限,请督促自己向他人求助。

这是避免大麻烦的关键。

当然,如果你一直以来都坚信"拜托他人=给他人添麻烦",突然让你找他人求助可能会有些羞于启齿。

但不要忘记,公司是一个集体,团队合作是不可或缺的。

为了在关键时刻能够开口求助,不妨从平时开始练习发出小小的SOS信号。

哪怕是那些看起来办事滴水不漏的人,一样会有不擅长的地方。毕竟这世界上不存在做什么都是一百分的全才。再者,日常工作之中也用不着追求百分之百的完美。

有些时候,你心中的六十分在他人看来其实已经足够合格,所以请先给自己定下"六十分就合格"的心理标准,给自己解解压。

再加上现如今多了居家办公和远程办公这两个选项,正是练习的大好良机。

也许在常规职场上你会因为在意对方的态度和反应而难以开口求助,但现在邮件和聊天工具能帮你免去这一烦恼。

不要自己给自己增加难度，学会充分利用身边人的力量，和同事们愉快地相处吧。

练习通过"提出小问题"来发送SOS信号

对那些长期以来习惯独自解决问题的人来说，突然让他们尝试"向其他人发送SOS信号"，可能有点强人所难，但事实上，"求助"并不意味着需要向他人倾诉内心重大的烦恼。

请按照以下步骤一点一点地练习"发送SOS信号"吧。

首先，**重要的是累积"发送SOS信号，并且获取了帮助"这样一种微小的成功体验。**

第一步，物色能够接收你发出的SOS信号的合适人选。

当然，百分之百乐意倾听你烦恼的人可不是那么容易找到的，所以可以先尝试向要好的同事、后辈、家人或朋友（总之就是那些容易说上话的人）发送SOS信号。

SOS信号的内容，可以是类似"Word文档要怎么转换成PDF来着"这种不会给对方带来太大负担、轻易就能解决的小问题。

这种微不足道的SOS信号不会让对方太为难，说不定对方还很乐意帮忙。

毕竟对大多数人来说，能帮上别人的忙是件令人开心的事。

第一步的主要目的，是让你通过"求助"和"被帮助"，产生"我可以向他人求助""我可以向他人发问"的心理暗示。

日常工作中可以多留个心眼，了解一下每位同事的特长是什么，这样遇到困难的时候就能向最为合适的人选发问。

如果不加考虑地随便找人询问，哪怕你问的是个再小不过的问题，对方也未必知道解决之法。

本以为是个可以轻松解决的问题，结果却比想象中耗费了更多时间，给对方添了不小的麻烦……这会导致你越发陷入自我否定的怪圈，所以谨慎选择求助对象是非常重要的。

既然你本就是个在意他人感受、懂得换位思考的人，那对观察了解他人应该更不在话下。

没准有些读者已经在这么做了。

每成功一次，接下来要做的就是不断累积这种成功体验。

请一点一点地练习向他人发送SOS信号，自然而然地构筑起与同事相互协作的和谐关系。

进行自我维护

任何人都应该学会慰劳自己。

这对不受人际关系困扰的人来说也同样重要,更不必说那些每天都得和烦人精打交道的人。学会慰劳自己——或者说"自我维护"——是非常有必要的。

说到"慰劳自己",大家脑中浮现的画面可能就是泡温泉,做按摩,吃好吃的,出门旅行……

做自己喜欢的事情的确是"慰劳自己"的方法之一,但频繁进行上述行为显然有些难度。

毕竟每天都会有各种突发事态,所以"自我维护"最好也采用那些随时随地都能进行、能定期进行的方法。

这里向大家介绍两种能每天进行的"自我维护方法"。

第一种方法,"夸奖自己"。

相信本书的读者当中,很多人都不擅长"自我夸奖"。

所以肯定有人会问:"该怎么夸自己呢?"

请注意,我这里说的"夸奖自己",并不是让大家对着自己的优点和成果一阵猛夸,而是让大家**夸奖自己在日常生活中的努力,以及在那些有点"艰难"的事中的坚持**。

举个简单的例子——早上起床。

早上明明想多赖床一会儿,但最后还是按时起来了!
按照我的标准,这已经是件十分值得夸奖的事了。

你可能觉得早上起得来床并没有什么了不起的,其实没你想象中那么简单。
揉揉惺忪的双眼,支起身子,然后开始干活。
要是你的职场上存在烦人精,那就更不容易了。
这不得好好夸奖自己几句?

虽然我们的最终目的是让自己随时随地都能进行自我夸奖,**但初期还是建议在晚上睡觉前的某个固定时间段,回顾一下这一天,然后开始夸奖自己**。这样一来,你的尊重需求将会得到满足,身心也会得到治愈。

第二种方法,"表达谢意"。
你可能会觉得奇怪,为什么向他人表达谢意能够起到慰劳自己的效果?原因很简单——
向他人表达谢意时,表达谢意的一方也会心里暖暖的。

表达谢意,意味着你觉得自己接受了对方的恩惠。这是你回顾自己如何被爱、如何被关心的好机会。

对方既可以是你的亲朋好友,也可以是素昧平生的便利店店员。

请尝试用语言向你从未道过"谢谢"二字的人表达感谢。一开始可能会有些羞于启齿,可一旦习惯,对你自己也会大有裨益。

请人帮忙或者受人帮助时也是一样的,不要总拿一句"不好意思"搪塞过去,请尝试将"谢谢"二字明确说出口。

这样对方会觉得"你这么开心真好""被人道谢了很愉快",你也能够从"给人添了麻烦"的心结中解脱出来,转而产生"被人帮助了好开心""真是雪中送炭呀"之类的正面情绪。

一句"谢谢",拥有极大的魔力。

既能让对方开心,又能让自己心生暖意,那何乐而不为呢?

拥有自信的方法

容易自我否定的人往往会莫名地产生不自信的想法。

"毕竟我学历低。"

"毕竟我没在知名公司工作过。"

"反正我这岗位没前途,做的也不是自己喜欢的工作。"

这类人潜意识里会相信过去的失败和当前的状况都是难以改变的，从而被禁锢在不自信的牢笼中而难以脱身。

所谓的"自信"，和"你如何看待自己"有很大关系。

想要增强自信，最简单的办法就是提升"自我评价"，而**"自我评价"可以通过累积成功体验来提升。**

想要拥有成功体验，并不意味着你需要做出什么让所有人吃惊的大事。

比起"质量"，"数量"更为重要。

相较于单次的"重大成功的体验"，十次"细小成功的体验"更能让人产生"我也不差嘛"的自信感受。

例如"主动向烦人领导打招呼"，就是种不错的尝试。

任何尝试只要没搞砸，就可以算作一种成功体验。

请有意识地多多累积小小的成功体验，不要放过任何增强自信的机会。

可能有很多人会觉得"主动向烦人领导打招呼"这种能够满足自我，实现需求的行为才能算作成功体验，但根据第三章中所提到的"马斯洛需求层次理论"，其实人可以从很多事情中获得成功体验。

假设你平时都是凌晨两点睡觉。

如果公司是九点上班,那么你的睡眠时间显然是不够的。正常来说,你每天应该早些就寝才是。

相信很多人都明白这道理,但就是没办法做到早早入睡。

那么要如何满足睡眠这种"生理需求"呢?可以考虑采取这种思路:

"人每天的最低睡眠需求是六个小时,所以尽量在晚上十二点前躺进被窝里吧。为了达成这一目标,需要少加班一个小时,保证在晚上九点前回到家里。"

给自己设定如此这般的计划并尽力实施,一旦达成,请不惜以溢美之词夸奖自己。

此外,按时一日三餐也是相当不错的成功体验。

如果你无法保证一日三餐一顿不落,请好好思考原因。

是因为工作太忙没顾上吃午餐,还是因为身体不适所以吃不下东西?或者是没有食欲……

厘清原因后,请给自己制订相应的计划,并努力执行。

如果是因为白天太忙无法离开工位,那就早上提前十分钟离家,顺路去买个便当。

如果真的连进餐时间都挤不出来,可以考虑拜托后辈帮自己买个便当回来,权当是"发送SOS信号"的练习。

诸如此类的小事,都可以成为自我夸奖的理由。

能长时间做到以上这些自己决定的事之后,可以按照

"3·3·3周期",回顾总结自我夸奖的成果。

"3·3·3周期"指的是三天、三周、三个月这样一种周期。

除每天的自我夸奖外,**每隔三天、三周、三个月,回顾一下这段时间坚持做了哪些对自己有益的事,养成了哪些好习惯,这些都能成为你增强自信的基石。**

这听起来可能有些琐碎,但"坚持自己决定的事"及"满足自身需求"都有助于增强自信,从而提升人的自我肯定意识。

当陷入自我否定情绪时

不知各位读者是否有过这样的经历:

在对身边的人坦言之前的失败经验、表示自己因此很受打击的时候,对方却回答:

"咦,当时我也在场,没觉得你有多失败呀?不是还挺成功的吗?"

听到这种反馈,任何人都会分外诧异吧。

虽说主观上希望增强自信,可一旦稍有失败,便会陷入深深的自我否定……

如果觉得自己存在此类情况，极有可能是你在无意识中给自己定下了"凡事都要拿一百分"的严苛标准。无论干什么都追求完美，哪怕是九十分，在你眼中也等同于"失败"。

会这么想的人，通常都极度害怕因失败导致的自身价值下降。

越是缺乏自信的人，越会过度关注自己的小失误，以及做得不够完美的地方。

正如前文所提到的那样，开始一项工作前，请先给自己设一个前提，以放松心情：

"要是工作进行得不顺利，就尝试向他人求助。"

当然，我不是让各位在工作中过度依赖他人，但相信你的同事之中，抱有类似想法的人应该为数不少。

所以你大可不必自己一个人当圣人，凡事也无须过度追求完美。

就算你真的搞砸了，也请安慰自己"人生不如意事十之八九"，并具体思考今后如何不犯同样的错误即可。

这种心态能让你坦然接受失败，但未必能缓解失败带来的沮丧情绪。

这种时候其实不需要勉强自己变得积极。

而是可以对"消极的自己"给予肯定。

也就是说，**当自己因为沮丧而陷入自我否定的泥沼时，告诉自己"此乃人之常情"，容许自己有消极的状态。**

如果总觉得"自己不能这么消极"，反而会在自我否定的歧途上越走越远。

所以人应该学会接受自己消极的一面，将"自我否定的情绪"视作再合理不过的心理现象。

通过元认知改变思考方式和思维倾向

缺乏自信、容易沮丧、过度忧虑……如果你有以上"症状"，请思考一下：

你的这些不安情绪和自我否定感，是否源自自身的思维倾向？

人的思维是有倾向性的。

成功体验较为丰富的人，在面对全新挑战时往往会有较强的挑战欲望，并相信自己一定能够成功。

而成功体验不那么丰富的人，则可能在尝试之前就直接陷入"我肯定办不到""我果然还是不行"之类的负面情绪怪圈，而且越想越觉得真就是这么回事。

如果工作中你会毫无缘由地产生"主管心情不好可能是因为在生我的气""客户不回邮件可能是因为我提的方案有问题"之类的想法,这可能是你的思维倾向造成的。

如果能意识到这种思维倾向并尝试调整它,就能让自己的生活轻松不少。

这里我推荐一种自我调整的训练方式——元认知。

本书的第二章曾提到过,所谓的"元认知",指的是"俯瞰自我"。

说得简单易懂一点,就是如同灵魂出窍一般脱离"自身"这一束缚,从旁观者的视角检视自身状态。

举例来说,当领导向你发脾气时,你越把对方的话放心里边去,就会越沮丧。

犯了错,虚心反省和改进是必需的,但单方面怒吼式的"指导"并不能起到指导的作用。

这种时候,你不需要把对方的话语太过当真,而是可以在脑中进行"实况转播"。

"井上挨训了。"

"××科长又在大发雷霆。"

"不过××科长说的话前言不搭后语。"

像这样让自己"置身事外",能够大幅减少受到的"直接伤害"。

犯错的时候,最重要的不是陷在消沉情绪里,而是采取合适的对策,确保下次不再犯同样的错误。

如果被现场气氛影响,整个人陷入慌乱,会下意识地将与己无关的事情也算作自身责任,失去冷静判断的能力。
为了能够保持冷静,请勤加练习,通过运用元认知来客观分析状况。

元认知不仅可以在与他人打交道时使用,也能在自己的情绪出现状况时派上用场。

就像前文提到的,因为一些琐碎的小事感到沮丧时,不要光想着"自己真没用",而是应该切换为旁观者视角,以自己为主语陈述当前事实,例如"井上现在相当沮丧呢"。通过这种元认知练习,你将更容易弄清自己的思维倾向是怎样的。

提升抗压性的方法

很遗憾,生而为人,压力是无法完全避免的。

无论你是谁,从事的是什么工作,都会时不时同压力打交道。

可能很多人会觉得,那些能够战胜压力的人,其心理素质一定如坚硬不屈的巨木般强韧。其实抗压性强,并不意味着遭遇任何事都"屹立不倒"。

如果总是勉强自己"能忍则忍",一旦超过了极限,再强韧的参天巨木也会轰然倾颓。

所以最为重要的,是以灵活的手段待人接物,练就如同柳树一般具有韧性的心理素质。

只要能让自己学会巧妙地疏解,你的抗压能力自然也能得到提升。

在每天与客户的心理咨询谈话中,我感到很多为职场人际关系所困的人都不懂得如何"减轻自身压力"。

对于此类来访者,我们精神科医师通常会给出这样的建议:"为自己准备一百种减轻压力的方法"。

当然,一百种可能有点多,所以通常我还会告诉客户"其实五十种就够了"。

大家不妨多花点时间,将五十种方法一一写出来,为自己量身定制一张减轻压力的妙方清单。

举个例子,如果你喜欢吃"饺子的王将[①]",就可以将以

[①] 一家日本连锁餐厅,售卖以日式煎饺为核心的日式中餐。——译者注

下两种方法列入清单：

- **去"饺子的王将"吃饺子**
- **去"饺子的王将"吃炒饭**

你可能会觉得这种小小的奖励并不能让自己非常兴奋，但作为能让自己小小开心一下的纾压之法，已经足够了。

如果从公司回家的路上有"饺子的王将"，想买点东西吃上一顿，是相当容易的事。

哪怕在只有晚上有时间的工作日，执行起来也几乎零难度。而这种小小的乐趣，能够很有效地减轻日常工作中所累积的压力。

- **去喜欢的酒吧或者咖啡厅**
- **在健身房做三十分钟的瑜伽**
- **买喜欢的作者的书**

不要怀疑，这些行为都能起到不错的效果。

既然目的是减轻压力，最好选择那些在压力过大、全无干劲时也能轻松完成的事。

为了方便立刻执行，请不要选"去吃中餐"之类的过于宽泛的行为，而是具体到"去吃'饺子的王将'"这种可以马上执行的选项，**让清单内容尽可能地具体且具备可操作性。**

"去埃及旅行"这种内容就别写了，毕竟不是每个人都能随时来一趟说走就走的旅行。

压力随时随地都可能到来，所以请尽量为自己准备能够轻松执行的解压之法。

至于那些执行难度较高、在工作日难以实现的选项，可以列在"周末及节假日清单"里，和上文提到的五十种方法清单区分开来。

为什么我建议各位制作这类清单呢？重要原因在于：

当你因为过度疲劳累积太多压力时，是很难想起自己的个人喜好及想做的事的。

所以最好事先将自己的喜好、能够让自己心情变好的事写下来，**以便在有压力时能够随取随用，立即执行。**

"今天有企划会，我还得在会议上给大家做展示，现在紧张得不得了。"

当你产生这种情绪时，可以如此思考：

"展示结束后，回家的路上去王将买份饺子吧。"

如此一来，心中的压力就能缓和不少。

如果顺利完成展示，回到家里也确实吃上了在半路上买的饺子，不管展示效果如何，请先夸奖自己"成功执行了自己决定的事情"。

所谓的"慰劳自己"，其实就是这么一回事。

无论身边是否存在烦人精，压力都是每个人所无法逃避的。

面对压力，只要能够适度地"慰劳自己"，你的抗压能力便会逐渐提升。

所以不要一味忍受压力，而是应该采取合适的方式加以应对，度过健康快乐的每一天。

结　语

感谢各位阅读本书。最后我想和各位聊聊A女士的案例，她是一位给我留下了深刻印象的客户。

A女士是位三十来岁的白领，就职于我作为产业医师提供咨询服务的某家企业。

A女士一直在为自己和领导间的相处模式而苦恼。她的领导平时总是喜欢用命令的语气说话，给人带来很强的压迫感。所以面对这位领导时，A女士总是战战兢兢，时间久了，自然十分难受。加上公司业务安排的原因，她也没办法通过申请调岗等方式和这位领导保持"物理上"的距离，最后只得前来找我商量。

A女士也明白想让领导有所改变很困难，但同时也担心再这样下去会危及自己的身心健康。

所以我和她一同探讨了一下"还能继续坚持多久"，最后得出的结论是"到半年后的岗位调动通知为止"。但在这半年间，客观环境并不会有太大改变，所以我给她的建议，是以本书所介绍的"尽可能地少做反应"这一方法为中心进行实践。

一开始，A女士其实惴惴不安，好在既然已经明确了期限，也就有了"大不了到时候辞职"这样一种相对宽松的心理底线。于是，A女士便按照我的建议开始一点一点地尝试。

当感觉内心受挫时，她明确地告诉自己"我已经很好地完成了被交付的工作""对方要是再无理取闹，那就是职场霸凌的证据"，并且尽量减少自己和领导的交集。

A女士之前都会因为担心惹怒领导而诚惶诚恐地窥探对方的脸色，或者为了尽早脱身而让语速变得飞快，但当她有意识地让自己的语速放缓后，在面对领导时，明显心态上放松了不少。

如此一来，那位领导反倒开始捉摸不透A女士内心的真实想法。大概是因为心里没底，他明显减少了与A女士接触的时长，也不再劈头盖脸地训斥A女士，而是改为相对柔和的提点了。

就在A女士感到自己和领导间的相处模式变得轻松了许多时，"半年之约"如期而至。最终公司没有宣布人事调动的相关消息，因此我本以为A女士会辞职，然而A女士感到自己和领导的关系趋于缓和，最终选择了留下。其间，公司恰好开始引入居家办公机制，A女士得以进一步和领导保持"物理距离",工作环境也越发舒适了起来。

职场的人际关系问题如此棘手,正因为它难以轻易得到改变。不过这也绝不意味着你要对这些棘手的问题视而不见,长期独自忍耐,最后导致自己身心俱疲。

希望大家也能像A女士一样,在身心健康出现严重问题之前,了解一些解决此类问题的方法和小窍门,尽力调整自己的情绪状态。

但作为职场人,心中难免会累积些许创伤,这时候就需要大家尝试进行心理自我护理,好好褒奖在困难环境中拼搏的自己。如果不擅长自我夸奖,那就先从慰劳自己开始吧。

最后需要强调的,是即便身为医务人员,如果自身的精神状态不够健康,是帮助不了其他痛苦之人的。这里我要感谢国分病院的木下秀夫医生,是他告诉了我"无须对所有人都用上百分之百的力气,灵活的应对手段也是必需的"这一道理。

井上智介
2021 年 12 月